Martina Kiel, Karola Wiedemann

# KÜRBIS MANGOLD & CO.
## NEUE REZEPTE FÜR ALTE GEMÜSE

FOTOGRAFIE

Heinz-Josef Beckers

## INHALTSVERZEICHNIS

### Gemüse neu entdecken! — 4
### Hauptsache grün – Salat, Spinat, Mangold ... — 8

Blattsalatphantasien — 10
Mangold Romana — 13
Spinatpfannkuchen — 13
Bunter Blattsalat — 14
Spinatsalat — 14
Stielmusstrudel — 17
Mangoldpizza — 19

### Back to the roots – Wurzeln und Rüben — 22

Rettichsalat mit Sahnedressing — 24
Rettichsalat mit Roggen — 24
Möhren-Fenchel-Frischkost — 26
Exotisches Möhrengemüse — 26
Pastinakencreme — 28
Grünkernbratlinge mit Pastinaken — 28
Selleriefrischkost mit Nüssen — 31
Mutters Selleriesalat — 31
Rote-Bete-Salat — 32
Borschtsch — 32
Rote Beten im Nußmantel — 35
Rote-Bete-Kuchen — 35
Bunter Steckrübensalat — 36
Steckrübeneintopf — 36
Steckrübensoufflé — 39
Steckrübenpuffer — 39
Schwarzwurzeln mit Meerrettich — 40
Schwarzwurzeln mit Souffléhaube — 40

### Starke Knollen – Kartoffel und Topinambur — 44

Sesamkartoffeln vom Blech — 46
Kartoffel-Apfel-Gratin — 46
Bunte Herzoginkartoffeln — 49
Kartoffelwaffeln — 50

| | |
|---|---|
| Topinambur mit Rahmsauce | 50 |
| Topinamburgratin | 53 |
| Topinambursoufflé | 53 |

## Köpfe mit Charakter – von Blumenkohl bis Wirsing  56

| | |
|---|---|
| Kohlrabisalat | 58 |
| Kohlrabischnitzel | 58 |
| Pikanter Weißkohlsalat | 61 |
| Ungarischer Krauttopf | 61 |
| Schwäbische Krautkrapfen | 62 |
| Fruchtiger Sauerkrautsalat | 65 |
| Spitzkohlpfanne | 65 |
| Rotkohlrouladen | 66 |
| Rotkohlfrischkost | 69 |
| Rosenkohl-Kartoffel-Gratin | 69 |
| Rosenkohlpastete | 70 |
| Wirsingtorte | 73 |
| Blumenkohlsalat mit Currysauce | 74 |
| Grünkohleintopf | 74 |

## Einfach reizend – von bunten Kürbissen bis zu beißenden Zwiebeln  78

| | |
|---|---|
| Kürbissalat | 80 |
| Kürbiscremesuppe | 80 |
| Kürbissoufflé | 83 |
| Kurbisdessert | 83 |
| Grüne Bohnen in Variationen | 84 |
| Zuckerschoten mit Hollandaise | 87 |
| Dicke Bohnen gratiniert | 87 |
| Schmorgurken mit Eiern | 88 |
| Essiggurken nach Großmutters Art | 88 |
| Lauch-Rahm-Gemüse | 91 |
| Lauchgratin mit Hirse | 91 |
| Zwiebeltaschen | 92 |
| Zwiebel-Apfel-Schmelz | 92 |
| Register | 94 |
| Impressum | 95 |

# Gemüse neu entdecken!

Da lockt schon im März der erste zarte Spinat zum Kauf, im Juni gibt es die süßen Zuckerschoten, und auf dem herbstlichen Markt türmen sich Kürbisse und Steckrüben. Lassen Sie sich von der breiten heimischen Gemüsevielfalt animieren und inspirieren! Und trauen Sie sich dabei auch an die Arten heran, die eine Zeitlang vergessen waren, zum Beispiel an Pastinake, Topinambur und Mangold!

### Rezepte und noch mehr

Hier werden über 30 verschiedene Gemüsearten vorgestellt, die schon in den Hausgärten unserer Großmütter gestanden haben und die heute noch – oder wieder – angeboten werden. Ob Sie eine bunte Gemüsepastete für die Party, deftige Krautkrapfen für kalte Wintertage, ein leichtes Soufflé für Gäste oder schnelle Salate, Eintöpfe und Gratins für jeden Tag suchen, hier werden Sie fündig! Dazu erhalten Sie eine Menge Küchentips; Sie erfahren, wie Sie Treibhaussalat von Freilandsalat unterscheiden, welche Kürbisse reif und welche Kartoffeln gut sind und wie Sie mit Rettich einen Hustensaft herstellen können. Ein Kurzporträt zu jeder Gemüseart liefert im jeweiligen Kapitel Hintergrundinformationen.

### Raffiniert, preiswert, schnell

Richten Sie sich nach der Ernteabfolge im Jahreslauf (siehe Saisonkalender in der vorderen Klappe). Dann können Sie mit diesem Kochbuch das ganze Jahr hindurch gesund, raffiniert, preiswert und schnell kochen. Die Rezepte sind so zusammengestellt, daß Sie für ein Gericht jeweils nur Gemüsearten derselben Saison benötigen. Und die meisten der hier beschriebenen Gerichte sind in weniger als 40 Minuten zubereitet.

### Trendsetter regionale Küche

Immer mehr moderne Spitzenrestaurants bieten saisonale und regionale Küche an, für die sie das Gemüse von Bauernhöfen und Gärtnereien aus der Umgebung beziehen. Aber die Bioszene hat auch Anschluß an das Jet-set-Zeitalter gefunden. Frühkartoffeln aus biologischem Anbau werden, einige Wochen bevor die heimischen erntereif sind, aus wärmeren Ländern eingeflogen. Das mag im Ausnahmefall gerechtfertigt sein. Zu einer rundum köstlichen Mahlzeit gehört aber auch, daß sie zur Jahreszeit paßt. Warten Sie deshalb auf das erste Gemüse vom Freiland, und verderben Sie sich nicht mit mühsam nachgereifter Ware oder wässerigem Treibhausgemüse Ihre Geschmacksnerven.

**Ein Ort mit Anziehungskraft**
Seit eh und je hat die Küche eine magische Anziehungskraft. Kommen bei Ihnen die Gäste auch immer zuerst in die Küche, um zu gucken, was da so gut duftet, ob es nicht schon etwas zum Probieren gibt, und um zwanglos während der letzten Handgriffe vor dem Essen die ersten Neuigkeiten auszutauschen?
Genießen Sie das zu Unrecht oft verpönte Gemüseputzen! Nützen Sie die Zeit zum Nachdenken, zum Abschalten, zum Musikhören und für Gespräche. Lassen Sie Ihre Kinder das rohe Gemüse probieren.

Gönnen Sie sich und Ihren Gästen die heimelige Atmosphäre einer lebendigen Küche, in der Gemüse zubereitet und gekocht wird.

**Eine Beziehung zu dem, was wir essen**
Genauere Kenntnisse über die Gemüse, die wir verwenden, über ihre Geschichte und ihre Eigenheiten verändern unseren Umgang mit ihnen. Wir behandeln das Gemüse mit mehr Achtung, bereiten es sorgfältiger zu und essen es bewußter. Das Bewußtsein, etwas qualitativ Gutes zuzubereiten und zu essen, erhöht die Freude an der Arbeit und trägt dazu bei, daß die Mahlzeit gut im Magen liegt.

**Die Temperaturstufen bei Gasherden**
variieren von Hersteller zu Hersteller. Welche Stufe Ihres Herdes der jeweils angegebenen Temperatur entspricht, entnehmen Sie bitte der Gebrauchsanweisung.

***Sekundäre Pflanzenstoffe machen Furore!***

*Was unsere Vorfahren aufgrund von Erfahrung wußten, ist heute wissenschaftlich bestätigt: Gemüse ist gesund und schützt vor Krankheiten! Fast alle Gemüsearten wirken basenbildend, also säureausgleichend, und entwässern den Körper. Dadurch werden Herz, Lunge, Leber, Blase und Nieren entlastet, wird Rheuma und Gicht entgegengewirkt. Neueste Forschungen belegen immer umfassender, daß neben Vitaminen und Mineralstoffen sogenannte sekundäre Pflanzenstoffe unter anderem vor Krebs, Diabetes und Herzinfarkt schützen und Entzündungen hemmen; denn diese Stoffe regulieren den Cholesterin- und Blutzuckerspiegel, senken den Blutdruck, hemmen die Blutgerinnung und vernichten Bakterien, Viren und Pilze. Sekundäre Pflanzenstoffe stärken das gesamte Immunsystem. In ausgereiftem frischen Gemüse vom Freiland sind sie wesentlich stärker vertreten als in Unterglasprodukten.*

# Salat, Spinat, Mangold ...

Die Blatt- und Stielgemüse bringen allesamt kräftige grüne Farbe in Ihre Gemüseküche. Die grünen Blätter enthalten beträchtliche Mengen Phenolsäuren, Carotinoide und Bitterstoffe. Die Bitterstoffe regen Magen, Leber, Galle und Blase an. Die Phenolsäuren und Carotinoide wirken krebsvorbeugend und antibakteriell. Mangold und Spinat sowie Kopfsalat in allen seinen Varianten sammeln aber auch in ihren Blattrippen, in den Strünken und Herzteilen das schädliche Nitrat. Weil Nitrat sich durch Erhitzen in Nitrosamine verwandelt, die sich in Tierversuchen als krebserregend erwiesen haben, sollten Sie diese Gemüsearten weder über Stunden warm halten noch nach dem Abkühlen aufwärmen.

**Kopf-, Schnitt- und Pflücksalat:** Auch wenn ihm die neuen Salatsorten heftig Konkurrenz machen, der Kopfsalat ist in Mitteleuropa immer noch der am meisten verzehrte Blattsalat. In Deutschland heißt der Salatkopf mit den butterweichen Blättern auch grüner Salat oder Butterkopfsalat, in Österreich Schmalzsalat. Das meiste Vitamin C sitzt in den Außenblättern. Die hellen Innenblätter sind im Geschmack milder, ein bißchen süß. Treibhaussalat erkennen Sie am Wuchs. Er ist kleiner und lockerer, bildet also nicht so feste Köpfe wie Freilandsalat und ist dementsprechend auch leichtgewichtiger. Grünen Salat gibt es auch als Schnitt- und Pflücksalat, die keine Köpfe bilden. Schnittsalat wird auf einmal geerntet, Pflücksalat wächst immer wieder nach.

**Römersalat:** ein Verwandter des Kopfsalats mit festeren Blättern und etwas herzhafterem Geschmack. Römersalat wird auch unter den Namen Binde-, Spargel- und Romanasalat angeboten, mancherorts auch als Sommerendivie. Im Aussehen ähnelt er etwas dem Chinakohl, ist aber grüner und hat glattere Blätter und einen weniger festen Kopf. Römersalat läßt sich sehr gut roh als Blattsalat zubereiten. Da er aber auch wie Spinat gedünstet werden kann, heißt er auch Kochsalat.

**Feldsalat:** Der Feld- oder Ackersalat hat fast in jeder Gegend einen anderen Namen. In der Schweiz heißt er Nüßli-, in Österreich Vogerlsalat, andernorts Mäuseöhrchen, Fettmännchen, Rebkresse, Nissel, Rapünzchen oder Rapunzel. In seinen zarten kräftig grünen Blättchen birgt der winterharte Salat reichlich Vitamin C, Jod und Eisen.

**Endivie:** Ihre Verwandtschaft mit dem Chicorée kann diese Zichorienart nicht verleugnen; denn sie zeichnet sich vor allem durch ihre herbwürzigen Bitterstoffe aus. Die entwässernde und galletreibende Wirkung verdankt sie ebendiesen Bitterstoffen, die vorzugsweise in den unteren Blatteilen und den dunkelgrünen Außenblättern stecken. Endivie kann wie Spinat zubereitet werden, also sowohl roh als auch gedünstet.

**Spinat:** Nach den Aussaatzeiten unterscheidet man den Sommerspinat mit seinen zarten Blättchen, die sich gut für Salat eignen, und den kräftig schmeckenden Winterspinat. Spinat enthält reichlich Eisen und die Vitamine A, B2 und C. Seine ovalen fleischigen Blätter werden als Diätgemüse für Magen- und Darmkranke empfohlen. Bei Neigung zu Nierensteinen und bei Arthritis dagegen sollten Sie nur die zarten Blättchen essen, in denen nicht so viel Oxalsäure enthalten ist wie in den kräftigeren.

**Mangold:** Bis zu Beginn des 20. Jahrhunderts waren die Blätter dieser Rübenart ein besonders beliebtes Blattgemüse. Sie werden wie Spinat zubereitet, sind allerdings würziger. Angeboten werden rot- und weißstielige Sorten von Stiel- und Blattmangold sowie Zwischenformen. Mangold gilt als Heilpflanze, die bei Darmträgheit, Nervosität, Bronchitis und Hautkrankheiten Erleichterung bringt.

**Stielmus:** Das Kraut von Speiserüben ist eine Spezialität aus Nordrhein-Westfalen. Es ist auch als Rübstiel, Streif- oder Stengelmus bekannt.

**Rauke:** auch Rucola, Senfkohl, Ölrauke, Raukenkohl genannt. Die Blätter des Kohlgewächses schmecken wegen ihrer Senföle eigenwillig herbbitter. Mischen Sie sie mit milder schmeckenden Salatsorten, oder verwenden Sie sie als Würzkraut für warme Speisen. Rauke soll auf den gesamten Organismus anregend wirken.

### Richtig einkaufen

*Beim Einkauf ist insbesondere bei Spinat, Kopfsalat und Stielmus zu bedenken, daß sie sehr schnell welk werden. Kaufen Sie deshalb nur knackig frischen und kräftig grünen Blattsalat. Bräunliche oder gar schwarze Blattstiele und Strünke verraten, daß die Ware alt ist. Bei Mangold, Rauke und Spinat greifen Sie, vor allem wenn Sie Salat zubereiten wollen, besser zu den kleineren Blättern, die zarter sind. Die älteren und größeren Blätter sind oft ein wenig bitter. Kopf- und Feldsalat, auch Stielmus werden häufig unter Glas angebaut. Es lohnt sich, auf die Freilandware zu warten. Sie enthält weniger Nitrat, dafür mehr Vitamine und Mineralstoffe als Treibhausware. Die leichtgewichtigen Blattgemüse kaufen Sie am besten genau nach den Gewichtsangaben im Rezept. Lassen Sie sich nicht von dem großen Volumen täuschen, da ist viel Luft dazwischen.*

## Zutaten für je 4 Personen

1 Kopfsalat
oder 1 Römersalat
oder 150 g Feldsalat
oder ½ Kopf Endivie
oder 150 g Spinat

**Pikante Marinade**
2 Eßl. Olivenöl
1 Teel. Aceto Balsamico
(Balsamessig)
3 Eßl. Apfelsaft
1 Teel. Senf
Salz
schwarzer Pfeffer

**Joghurt-Kräuter-Dressing**
100 g Joghurt
3 Eßl. Sahne
Saft von ½ Zitrone
2 Eßl. gehackte Petersilie
2 Eßl. Schnittlauchröllchen
½ Teel. Honig
Salz
schwarzer Pfeffer

**Senfsauce**
100 g Joghurt
2 Eßl. Sahne
3 Eßl. Apfelsaft
1–2 Teel. Senf
Salz
schwarzer Pfeffer

*Zubereitungszeit:
jeweils etwa 15 Minuten*

# Blattsalatphantasien
### Erfrischend • Gelingt leicht

Die Blattsalate können Sie beliebig mit einer der nebenstehenden Saucen kombinieren.

• Kopfsalat: Die Außenblätter entfernen, die Blätter vom Strunk ablösen, waschen und trockenschleudern. Größere Blätter zerpflücken.

• Römersalat: Die Außenblätter entfernen, die übrigen Blätter vom Strunk ablösen, waschen, trockenschleudern und in 1–2 cm breite Streifen schneiden.

• Feldsalat: Die Wurzeln abschneiden. Trockene Blätter entfernen. Die Blätter sehr gründlich waschen und trockenschleudern. Zarte Würzelchen vom Feldsalat können Sie mitessen.

• Endivie: Die Außenblätter entfernen. Die Blätter ablösen, waschen und trockenschleudern. Die Blätter in feine Streifen schneiden. Wenn Sie die Blätter in lauwarmem Wasser kurz wässern, werden die Bitterstoffe teilweise ausgeschwemmt.

• Spinat: Dicke Stiele abschneiden. Die Blätter waschen und trockenschleu-

dern. Größere Blätter in Streifen schneiden.

• Für die Salatsauce verrühren Sie jeweils die angegebenen Zutaten miteinander und mischen sie mit dem Salat.

**Varianten:**
Neben den hier vorgestellten Salatsaucen empfehlen wir auch die Currysauce (Blumenkohlsalat mit Currysauce, Seite 74) und die Nuß-Sahne-Sauce (Rotkohlfrischkost, Seite 69).

**Tips**
Die Salatsaucen passen auch zu anderen Gemüsearten.
Verschiedene kaltgepreßte Öle und gute Essigsorten sowie Zitronensaft, frische Kräuter oder selbstgezogene Keimlinge bringen zusätzlich Abwechslung in die Salatschüssel.
Wenn Sie Kalorien sparen möchten, geben Sie statt Sahne eine pürierte Pellkartoffel in die Sauce.

# Mangold Romana
**Raffiniert • Spezialität aus Italien**

• Den Mangold putzen, waschen und abtropfen lassen. Die Stiele und die Blätter in etwa fingerbreite Streifen schneiden.

• Die Zwiebel schälen und fein würfeln. Den Knoblauch schälen und durchpressen. In einem großen Topf das Öl erhitzen. Die Zwiebel, den Knoblauch und die Mandeln darin anbraten.

• Den Mangold dazugeben und kurz anbraten. Die Rosinen und den Weißwein hinzufügen. Das Gemüse bei schwacher Hitze zugedeckt in 5–10 Minuten gar dünsten.

• Das Gemüse mit Salz und Pfeffer würzen. Dazu paßt ein Kartoffelgratin.

Pro Portion etwa: 1000 kJ/240 kcal

**Variante:**
Nehmen Sie anstelle von Mangold Spinat.

# Spinatpfannkuchen
**Ganz einfach • Im Bild**

• Für den Teig Mehl, Milch, Eier, Salz und Muskat verrühren. Den Teig 20–30 Minuten ruhen lassen.

• Inzwischen den Spinat verlesen, waschen und abtropfen lassen. Die Zwiebel schälen und fein würfeln. Den Knoblauch schälen und durchpressen. Den Parmesan reiben.

• In einem großen Topf das Öl erhitzen. Die Zwiebel und den Knoblauch darin glasig braten. Den Spinat dazugeben und zugedeckt in etwa 5 Minuten gar dünsten. Den Spinat mit Salz und Pfeffer würzen.

• Den Backofen auf 100° vorheizen. In einer Pfanne Öl oder Kokosfett erhitzen. Aus dem Teig nacheinander 4 Pfannkuchen backen. Die fertigen Pfannkuchen mit dem Parmesan bestreuen, mit dem Spinat füllen, zusammenklappen und im Backofen (Mitte, Umluft 80°) warm halten.

Pro Portion etwa: 2200 kJ/520 kcal

---

*Zutaten für je 4 Personen*

**Mangold Romana**
*1 kg Mangold*
*1 Zwiebel*
*1 Knoblauchzehe*
*3 Eßl. Olivenöl*
*50 g Mandeln, gestiftelt*
*3 Eßl. Rosinen*
*100 ml trockener Weißwein*
*(ersatzweise Wasser)*
*Salz · schwarzer Pfeffer*

*Zubereitungszeit:*
*etwa 25 Minuten*

**Spinatpfannkuchen**
*Für den Teig:*
*250 g Weizenvollkornmehl*
*400 ml Milch*
*2–3 Eier (je nach Größe)*
*Salz*
*1 Messerspitze Muskat*

*Für die Füllung:*
*1 kg Blattspinat*
*1 Zwiebel*
*1 Knoblauchzehe*
*50 g Parmesan*
*2 Eßl. Olivenöl*
*Salz · weißer Pfeffer*

*Zum Ausbacken:*
*Öl oder Kokosfett*

*Zubereitungszeit:*
*etwa 1 Stunde*

*Zutaten für je 4 Personen*

**Bunter Blattsalat**
100 g Feldsalat
2 Möhren
1 Bund Radieschen
oder 1 Rettich
30 g Rauke

Für die Sauce:
1 Zwiebel
1/2 Bund Petersilie
1 Eßl. Essig
2 Eßl. Distelöl
Salz · weißer Pfeffer
1 Teel. Honig
oder 3 Eßl. Apfelsaft nach
Belieben

Zubereitungszeit:
etwa 20 Minuten

**Spinatsalat**
2 Eier
200 g Blattspinat
100 g Champignons
1 Bund Radieschen
50 g Walnüsse, gehackt

Für die Sauce:
1 kleine Zwiebel
2 Eßl. Nuß- oder Distelöl
Saft von 1/2 Zitrone
2 Eßl. Apfelsaft
Salz · weißer Pfeffer

Zubereitungszeit:
etwa 25 Minuten

# Bunter Blattsalat

**Fürs Buffet • Dekorativ**

- Den Feldsalat putzen, waschen und trockenschleudern.

- Die Möhren und die Radieschen oder den Rettich putzen, waschen, hobeln oder in feine Scheiben schneiden. Die Rauke waschen, putzen und in Streifen schneiden.

- Für die Sauce die Zwiebel schälen und die Petersilie waschen. Beides fein hacken und mit Essig, Öl, Salz, Pfeffer und nach Belieben Honig oder Apfelsaft vermischen und abschmecken.

- Die Sauce mit den Gemüsen vorsichtig vermischen.

Pro Portion etwa: 310 kJ/74 kcal

**Tip**
Wenn Sie die leere Salatschüssel mit einer halbierten Knoblauchzehe ausreiben, bekommt der Salat eine besondere Note.

**Variante:**
Statt Feldsalat können Sie auch einen anderen grünen Salat nehmen.

# Spinatsalat

**Gelingt leicht • Im Bild**

- Die Eier hart kochen und abschrecken.

- Für die Sauce die Zwiebel schälen und in feine Würfel schneiden. Das Öl mit dem Zitronen- und dem Apfelsaft, der Zwiebel sowie Salz und Pfeffer verrühren.

- Den Spinat verlesen, waschen und abtropfen lassen. Die Champignons und die Radieschen putzen, waschen und in feine Scheiben schneiden. Die Eier schälen und ebenfalls in Scheiben schneiden.

- Den Spinat, die Champignons, die Radieschen, die Eier und die Nüsse in einer großen Schüssel oder auf einer Platte anrichten. Die Sauce über den Salat träufeln.

Pro Portion etwa: 800 kJ/190 kcal

**Tip**
Für Rohkost eignet sich besonders der hellgrüne zartere Sommerspinat, der im Herbst angeboten wird. Der Winterspinat im Frühjahr hat festere Blätter und schmeckt kräftig aromatisch.

# Stielmusstrudel

**Für Geübte • Läßt sich gut vorbereiten**

- Das Mehl mit dem Salz, dem Öl und 8–10 Eßlöffeln Wasser in eine Schüssel geben und mit den Knethaken des elektrischen Handrührgeräts oder von Hand so lange kneten, bis der Teig glatt und geschmeidig ist. Den Teig zugedeckt bei Zimmertemperatur etwa 1 Stunde ruhen lassen.

- Inzwischen für die Füllung das Stielmus verlesen, waschen und in Streifen schneiden. Die Zwiebeln schälen und würfeln. In einem weiten Topf das Öl erhitzen. Die Zwiebeln darin glasig braten. Das Stielmus dazugeben und etwa 100 ml Wasser angießen. Das Gemüse zugedeckt bei mittlerer Hitze in etwa 15 Minuten gar dünsten. Mit Salz, Pfeffer und dem Muskat würzen.

- Den Käse reiben. Die Petersilie waschen und fein hacken. Das Blech mit Backpapier auslegen. Den Backofen auf 200° vorheizen.

- Ein großes Küchentuch mit Mehl bestäuben. Den Teig auf dem Tuch zu einer Platte von etwa 50 × 60 cm ausrollen. Etwas Butter schmelzen. Von der längeren Seite her zwei Drittel des Teigs damit bestreichen. Das Gemüse auf der mit der Butter bestrichenen Fläche verteilen, dabei oben und unten etwa 2 cm frei lassen. Den geriebenen Käse und die Petersilie über die Füllung streuen.

- Die Seiten einschlagen und den Strudel durch Anheben des Tuches von der längeren, belegten Seite her aufrollen und auf das Blech legen. Mit flüssiger Butter bestreichen.

- Den Strudel im Ofen (Mitte, Umluft 180°) in 50–60 Minuten goldbraun backen. Herausnehmen und vor dem Aufschneiden 5–10 Minuten ruhen lassen. Reichen Sie dazu eine Rahmsauce (Topinambur mit Rahmsauce, Seite 50) oder eine Meerrettichsauce (Schwarzwurzeln mit Meerrettich, Seite 40).

Pro Portion etwa: 3100 kJ/740 kcal

**Variante:**
Die Füllung eignet sich auch als Beilage zu Kartoffeln. Verfeinern Sie sie mit etwas Sahne oder reichen Sie eine Sauce dazu.

---

*Zutaten für 4 Personen*

*Für den Teig:*
*250 g Dinkel- oder Weizenvollkornmehl*
*1/2 Teel. Salz*
*4 Eßl. Öl*

*Für die Füllung:*
*1 kg Stielmus*
*2 Zwiebeln*
*3 Eßl. Öl*
*Salz*
*schwarzer Pfeffer*
*1 Messerspitze Muskat*
*150 g Emmentaler*
*1 Bund Petersilie*

*Zum Bestreichen: Butter*
*Zum Ausrollen: Mehl*
*Für das Backblech: Backpapier*

*Zubereitungszeit:*
*etwa 2 3/4 Stunden (davon 50–60 Minuten Backzeit)*

# Mangoldpizza
Für Gäste • Etwas aufwendiger

- Die Hefe zerbröckeln, mit 1/8 l lauwarmem Wasser und dem Honig verrühren und etwa 10 Minuten an einem warmen Ort ruhen lassen.

- Die Hefemischung mit dem Mehl, dem Ei, dem Öl, dem Salz und den Gewürzen in einer Rührschüssel mit den Knethaken des elektrischen Handrührgeräts gründlich verkneten. Den Teig an einem warmen Ort zugedeckt mindestens 30 Minuten ruhen lassen.

- Für den Belag den Mangold putzen und waschen. Die Blätter und die Stiele in etwa 1 cm breite Streifen schneiden. Die Zwiebeln schälen und würfeln. 2 Eßlöffel Öl in einer Pfanne erhitzen und die Zwiebelwürfel darin glasig braten. Den Mangold dazugeben. Bei Bedarf etwas Wasser angießen. Das Gemüse bei mittlerer Hitze in etwa 7 Minuten bißfest dünsten. Mit Salz und Pfeffer würzen.

- Die Tomaten waschen, trockentupfen und in Scheiben schneiden.

- Den Knoblauch schälen und durchpressen. Das Basilikum waschen und in feine Streifen schneiden. Beides mit dem restlichen Öl, Oregano, Paprikapulver sowie Salz und Pfeffer verrühren. Die Tomatenscheiben in der Sauce wenden.

- Den Käse reiben. Den Backofen auf 250° vorheizen. Das Blech einfetten.

- Den Teig auf dem Backblech dünn ausrollen und mit den Tomatenscheiben belegen. Das Gemüse und zuletzt den Käse gleichmäßig darauf verteilen.

- Die Pizza im Ofen (Mitte, Umluft 230°) in 25–30 Minuten goldbraun backen. Dazu passen Salat und ein kräftiger Rotwein.

Bei 12 Stücken pro Stück etwa:
2400 kJ/580 kcal

**Varianten:**
Sie können die Pizza auch mit einem Quark-Öl-Teig anstelle von Hefeteig zubereiten (Wirsingtorte, Seite 73, Menge nach Größe des Backblechs richten). Den Mangold können Sie auch als Gemüse servieren. Reichern Sie es mit etwas Sahne oder Crème fraîche an.

*Zutaten für 1 Backblech*

*Für den Teig:*
*1/2 Würfel Hefe (20 g)*
*1/2 Teel. Honig*
*250 g Weizenvollkornmehl*
*1 Ei*
*4 Eßl. Olivenöl*
*1/2 Teel. Salz*
*1 Prise gemahlener Kümmel*
*1 Prise gemahlener Koriander*

*Für den Belag:*
*1 kg Mangold*
*3 Zwiebeln*
*4 Eßl. Olivenöl*
*Salz*
*schwarzer Pfeffer*
*500 g vollreife Tomaten (ersatzweise 150 g Tomatenmark)*
*1 Knoblauchzehe*
*1 Bund Basilikum*
*1 Teel. getrockneter Oregano*
*1/2 Teel. Paprikapulver, edelsüß*
*150 g Gouda*

*Für das Backblech:*
*Fett*

*Zubereitungszeit:*
*etwa 1 Stunde 25 Minuten*
*(davon 25–30 Minuten Backzeit)*

# Wurzeln und Rüben

Wurzeln und Rüben gelten schon von jeher als Heilpflanzen. So sind rote Beten und Schwarzwurzeln günstig für Leber und Galle, Sellerie und Meerrettich wirken schleimlösend auf die Atemwege. Steckrüben lindern Entzündungen im Magen-Darm-Bereich, Pastinaken und Schwarzwurzeln werden von Diabetikern sehr gut vertragen. Aber vor allem schmecken Wurzeln und Rüben einfach lecker, ob sie nun als Frischkost oder gekocht serviert werden.

**So lagern Sie Ihr Gemüse richtig**
Auch im Winter und Frühjahr können Sie frische Möhren und rote Beten aus Ihrer Region kaufen. Spätsorten werden in frostfreien Kellern oder in Mieten eingelagert. Bei sachgemäßer Aufbewahrung bleiben die Wurzeln auch bei Ihnen zu Hause knackig. Lagern Sie Wurzeln und Rüben dunkel, kühl und bei hoher Luftfeuchtigkeit. Wickeln Sie die Wurzeln in unbedrucktes Papier, bevor Sie sie in den Kühlschrank legen. Entfernen Sie das Laub, das Gemüse welkt sonst schneller.

**Möhre:** Die bekannteste aller Wurzeln wird ab Juni als Bundmöhre mit Grün und ab August als Waschmöhre angeboten. Spätsorten sind ballaststoffreicher und schmecken herzhafter. Ungewaschene Sandmöhren können Sie länger lagern als die gewaschenen Wintermöhren.

**Pastinake:** Im Aussehen ähnelt sie dem Winterrettich, geschmacklich liegt sie – süß und würzig – zwischen Möhre und Sellerie. Die Pastinake ist auch als Moorwurzel oder Hammelmöhre bekannt. Ursprünglich ein sehr beliebtes Wintergemüse, wurde die Pastinake von der Kartoffel und der Möhre verdrängt. Heute erfreut sie sich wieder zunehmender Verwendung, vor allem in der Säuglingsnahrung.

**Knollensellerie:** Die Wurzel und das Kraut dieser Gemüse- und Gewürzpflanze verfeinern Eintöpfe, Suppen und Saucen. Aber auch als Beilage und Salatgrundlage oder -zutat hat der Knollensellerie seinen festen Platz in der Küche. Früher verfärbte sich das Fruchtfleisch beim Kochen. Dank erfolgreicher Züchtungen bleibt es heute weiß. Sie können Sellerie auch roh zubereiten, dann aber schnell in eine Marinade oder ähnliches geben, damit er nicht braun wird.

**Rote Bete:** Aus der gesunden runden Knolle lassen sich Gemüseschnitzel und Kuchen zubereiten. Den Saft können Sie trinken, damit aber auch Quark, Butter, Sahne und Marzipan färben. Rote Beten lagern besonders leicht Nitrat ein. Deshalb lohnt es sich, die nitratärmeren Knollen aus biologischem Anbau zu kaufen.

**Steck- oder Kohlrübe:** Die auch Erdkohlrabi genannte Wurzel ist ebenso wie ihre kleinen Verwandten Mairübe, Teltower Rübe und Herbstrübe wieder verstärkt auf den Wochenmärkten zu finden. Wie so oft bei Gemüse gilt auch hier, daß die kleineren Exemplare die feineren sind. Das leuchtendgelbe Innere schmeckt sowohl roh als auch gegart.

**Schwarzwurzel:** Die bis zu 30 cm langen schwarzbraunen Stangen sind mühsam zu schälen, aber der Aufwand lohnt sich: Die Wurzeln schmecken so ähnlich wie Spargel und enthalten viel Eiweiß. Vom Schälen verfärbte und klebrige Hände und Geräte reinigen Sie am einfachsten mit Speiseöl.

**Meerrettich:** Die lange dünne Pfahlwurzel wurde schon vor einem Jahrtausend wegen ihrer Heilkraft in Klostergärten angebaut. Frisch gerieben ist sie, was Schärfe und wertvolle Inhaltsstoffe angeht, wesentlich wirkungsvoller als konserviert in Tube oder Glas. In der Volksmedizin wird sie als Mittel gegen Erkältungskrankheiten verwendet.

**Rettich:** Lang und schmal, klein und rund – Rettiche gibt es in vielen Formen und Farben. Weiß, rot oder schwarz, bilden sie einen dekorativen Blickfang. Besonders der schwarze Winterrettich ist gesund für Galle und Leber. Aber auch auf die Atemwege wirkt Rettich schleimlösend und befreiend (siehe nebenstehendes Rezept). Auf den Tisch kommt Rettich bei uns im allgemeinen so, wie er am gesündesten ist: frisch, roh geschnitten und möglichst erst kurz vor dem Essen gesalzen. Beim Kochen verflüchtigen sich die ätherischen Öle und damit auch die Schärfe, der Rettich schmeckt dann ähnlich wie Kohlrabi.

### Hustensaft aus Rettich

*Aus Honig und dem schwarzen runden Winterrettich können Sie einen wirkungsvollen Hustensaft herstellen: Höhlen Sie den Rettich vom Blätteransatz her so weit kegelförmig aus, daß Sie etwa 3 Teelöffel dickflüssigen Honig in die Vertiefung füllen können. Stoßen Sie mit einer Stopfnadel ein ganz feines Loch durch den Boden. Geben Sie den Honig in die Höhlung, setzen den Rettich auf ein Glas und lassen ihn über Nacht ziehen. Den Saft, der sich im Glas sammelt, mehrmals täglich einnehmen.*

*Zutaten für je 4 Personen*

**Rettichsalat mit Sahnedressing**
*1 Rettich (etwa 400 g)
1–2 Möhren (etwa 200 g)
Salz*

*Für die Sauce:
100 g saure Sahne
Saft von 1/2 Zitrone
1 Teel. Honig*

*Zubereitungszeit:
etwa 15 Minuten*

**Rettichsalat mit Roggen**
*150 g Roggen (ersatzweise Weizen oder Dinkel)
300 ml Gemüsebrühe (selbstgemacht oder Fertigprodukt)
1 Lorbeerblatt
1 Zwiebel
1 Rettich
1 Möhre
1 roter Apfel*

*Für die Sauce:
100 g saure Sahne
1 Teel. Essig
1/2 Teel. Senf
1 Teel. Honig
Salz
schwarzer Pfeffer*

*Zubereitungszeit:
etwa 1 Stunde
(+ 12 Stunden Einweichzeit)*

# Rettichsalat mit Sahnedressing
**Schnell • Im Bild**

• Den Rettich dünn schälen. Die Möhren abbürsten oder dünn schälen. Beides fein raspeln und leicht salzen.

• Für die Sauce die saure Sahne mit dem Zitronensaft und dem Honig verrühren.

• Den Rettich und die Möhren mit der Sauce vermengen.

Pro Portion etwa: 270 kJ/64 kcal

## Tip
Verträglicher ist der Rettich, wenn er nicht zu lange im Salz gezogen hat und Sie ihn entweder fein zerkleinert servieren oder ihn besonders gut kauen. Die zarteren Radieschen und die milderen asiatischen Rettichsorten sind zwar weniger wertvoll für Ihre Gesundheit, aber leichter verdaulich.

# Rettichsalat mit Roggen
**Fürs Buffet • Läßt sich gut vorbereiten**

• Den Roggen über Nacht einweichen. Die Körner in einem Sieb abtropfen lassen und mit der Gemüsebrühe und dem Lorbeerblatt in etwa 50 Minuten weich kochen (im Schnellkochtopf in etwa 15 Minuten).

• Die Zwiebel schälen und hacken. Den Rettich schälen. Die Möhre schälen oder abbürsten. Den Apfel waschen, trockenreiben, vierteln und das Kerngehäuse entfernen. Den Apfel, den Rettich und die Möhre in feine Streifen schneiden oder hobeln.

• Für die Sauce die saure Sahne mit dem Essig, dem Senf und dem Honig verrühren und mit Salz und Pfeffer abschmecken.

• Den Roggen, die Zwiebelwürfel, die Apfel-, Rettich- und Möhrenstreifen mit der Sauce vermischen. Den Salat vor dem Servieren kurz durchziehen lassen.

Pro Portion etwa: 1100 kJ/260 kcal

**Zutaten für je 4 Personen**

*Möhren-Fenchel-Frischkost*
1 Fenchelknolle mit Grün
(etwa 250 g)
5 kleine Möhren (etwa 250 g)

Für die Sauce:
Saft von 1 Zitrone
1 Teel. Honig
2 Eßl. Distelöl

Zubereitungszeit:
etwa 15 Minuten

*Exotisches Möhrengemüse*
750 g Möhren
1 Zwiebel
50 g Butter
4 Eßl. Sonnenblumenkerne
abgeriebene Schale von
1/2 unbehandelten Zitrone
1 Prise gemahlener Ingwer
1 Prise Currypulver
1 Prise Cayennepfeffer
1/2 Teel. Sojasauce
Salz

Zubereitungszeit:
etwa 25 Minuten

# Möhren-Fenchel-Frischkost
**Raffiniert • Schnell**

- Für die Sauce den Zitronensaft mit dem Honig und dem Öl verrühren.

- Die Fenchelknolle waschen. Die harten Stiele und den Wurzelstrunk entfernen. Das Fenchelgrün beiseite legen. Die Möhren abbürsten oder schälen. Den Fenchel und die Möhren in feine Scheiben schneiden oder hobeln.

- Das Gemüse gründlich mit der Sauce vermengen.

- Das Fenchelgrün hacken und den Salat damit garnieren.

Pro Portion etwa: 350 kJ/83 kcal

**Tip**
Wenn der Honig einmal zu fest geworden ist, stellen Sie das Glas für eine Viertelstunde in ein warmes Wasserbad, dann wird er wieder flüssig.

# Exotisches Möhrengemüse
**Ganz einfach • Im Bild**

- Die Möhren abbürsten oder dünn schälen und in Scheiben schneiden.

- Die Zwiebel schälen und würfeln. In einem Topf 1 Eßlöffel Butter erhitzen und die Zwiebel darin glasig braten.

- Die Möhren dazugeben, knapp mit Wasser bedecken und in etwa 10 Minuten zugedeckt bei mittlerer Hitze weich dünsten.

- Währenddessen die Sonnenblumenkerne in einer trockenen Pfanne kurz anrösten.

- Die Sonnenblumenkerne und die Zitronenschale zu den Möhren geben. Das Gemüse mit Ingwer, Curry, Cayennepfeffer, Sojasauce und Salz würzen. Dazu passen Kartoffeln oder Reis.

Pro Portion etwa: 870 kJ/210 kcal

**Variante:**
Statt Sonnnenblumenkernen können Sie auch Sesamsamen nehmen.

**Zutaten für je 4 Personen**

**Pastinakencreme**
750 g Pastinaken
500 g Möhren
200 ml Gemüsebrühe (selbstgemacht oder Fertigprodukt)
1 Bund Petersilie
2 Eßl. Weizenvollkornmehl
100 g Sahne
Salz
schwarzer Pfeffer

Zubereitungszeit:
etwa 20 Minuten

**Grünkernbratlinge mit Pastinaken**
1/2 l Gemüsebrühe (selbstgemacht oder Fertigprodukt)
2 Lorbeerblätter
250 g Grünkernschrot
2 Zwiebeln
200 g Pastinaken
1 Ei
eventuell feine Haferflocken
Salz
schwarzer Pfeffer
1/2 Teel. Currypulver
1/2 Teel. Paprikapulver, edelsüß
1 Teel. Sojasauce

Zum Ausbraten: Öl oder Kokosfett

Zubereitungszeit:
etwa 1 Stunde

# Pastinakencreme
**Preiswert • Schnell**

• Die Pastinaken schälen und würfeln. Die Möhren abbürsten oder schälen und in Scheiben schneiden. Beides in der Gemüsebrühe in 8–10 Minuten bei mittlerer Hitze zugedeckt bißfest garen.

• Inzwischen die Petersilie waschen und fein hacken.

• Das Gemüse mit dem Pürierstab oder dem Kartoffelstampfer pürieren. Das Mehl über das Püree stäuben und einrühren. Die Masse unter Rühren kurz aufkochen lassen.

• Die Sahne dazugeben und unter Rühren etwas einkochen lassen. Die Creme mit Salz und Pfeffer würzen. Zuletzt die Petersilie unterrühren. Dazu passen panierte Gemüseschnitzel.

Pro Portion etwa: 690 kJ/160 kcal

**Variante:**
Möhren und Pastinaken in Scheiben schneiden und dünsten. Butter und fein gehackte Petersilie dazugeben und mit Salz und Pfeffer würzen.

# Grünkernbratlinge mit Pastinaken
**Schmeckt Kindern • Im Bild**

• Die Gemüsebrühe mit den Lorbeerblättern etwa 3 Minuten kochen lassen, dann die Lorbeerblätter entfernen. Den Grünkernschrot in der Brühe unter Rühren etwa 2 Minuten köcheln lassen, bis die Masse dick und zäh ist. Den Topf vom Herd nehmen und den Grünkern mindestens 15 Minuten ausquellen lassen.

• In der Zwischenzeit die Zwiebeln schälen und fein würfeln. Die Pastinaken schälen und fein reiben.

• Den Grünkern mit den Zwiebeln, den Pastinaken und dem Ei verrühren. Ist der Teig sehr feucht, Haferflocken dazugeben. Den Teig kräftig mit Salz, Pfeffer, Curry, Paprikapulver und der Sojasauce würzen. Mit nassen Händen daraus Bratlinge formen.

• In einer Pfanne Öl oder Kokosfett erhitzen. Die Bratlinge darin bei mittlerer Hitze auf jeder Seite in etwa 4 Minuten goldbraun backen.

Pro Portion etwa: 1500 kJ/360 kcal

# Selleriefrischkost mit Nüssen
**Preiswert • Im Bild**

• Für die Sauce die saure Sahne mit dem Zitronensaft und dem Honig verrühren.

• Den Sellerie schälen und sofort fein in die Sauce raspeln. Die Nüsse in die Sauce mahlen. Die Birnen waschen, trockenreiben, eventuell schälen, vierteln und die Kerngehäuse entfernen. Die Viertel würfeln und mit dem Salat vermischen.

Pro Portion etwa: 820 kJ/200 kcal

### Variante:
**Pastinaken-Apfel-Frischkost**
Ersetzen Sie den Sellerie durch Pastinaken und die Birnen durch Äpfel.

# Mutters Selleriesalat
**Ganz einfach • Klassiker**

• Die Sellerieknolle waschen und ungeschält achteln. In einem Topf mit Dämpfeinsatz in etwa 20 Minuten weich dämpfen.

• Inzwischen für die Sauce den Zitronensaft mit dem Honig, dem Öl, Salz und Pfeffer verrühren.

• Den heißen Sellerie schälen, in Würfel oder Stifte schneiden und mit der Sauce vermischen.

Pro Portion etwa: 210 kJ/50 kcal

### Tip
Das Selleriegrün können Sie entweder frisch verwenden, tiefkühlen oder trocknen. Vor allem bei kochsalzarmer Kost ist Selleriegrün eine ideale Würze.

---

*Zutaten für je 4 Personen*

**Selleriefrischkost mit Nüssen**
*1 Sellerieknolle
(etwa 500 g)
50 g Nußkerne
2 Birnen*

*Für die Sauce:
100 g saure Sahne
Saft von 1 Zitrone
1 Teel. Honig*

*Zubereitungszeit:
etwa 15 Minuten*

**Mutters Selleriesalat**
*1 große Sellerieknolle
(etwa 1 kg)*

*Für die Sauce:
Saft von 1/2 Zitrone
1 Teel. Honig
2 Eßl. Distelöl
Salz
weißer Pfeffer*

*Zubereitungszeit:
etwa 30 Minuten*

## Zutaten für je 4 Personen

**Rote-Bete-Salat**
500 g rote Beten

Für die Sauce:
100 g saure Sahne
1–2 Teel. fein geriebener
Meerrettich
Saft von ½ Zitrone
1 Teel. Honig

Zubereitungszeit:
etwa 15 Minuten

**Borschtsch**
500 g rote Beten
1 Möhre
1 kleines Stück Sellerie
(etwa 100 g)
250 g Kartoffeln
1 kleine Stange Lauch
1 l Gemüsebrühe (selbstgemacht oder Fertigprodukt)
2 Lorbeerblätter
2 Zwiebeln
250 g Weißkohl · 2 Eßl. Öl
1 Eßl. Obst- oder Weinessig
Salz · schwarzer Pfeffer
je ½ Teel. gemahlener
Piment und Koriander
200 g Schmand

Zum Braten:
2 Eßl. Öl

Zubereitungszeit:
etwa 1 Stunde

# Rote-Bete-Salat
**Gelingt leicht • Preiswert**

• Für die Sauce die saure Sahne mit dem Meerrettich, dem Zitronensaft und dem Honig verrühren.

• Die roten Beten abbürsten oder schälen und fein in die Sauce raspeln.

Pro Portion etwa: 370 kJ/88 kcal

**Tips**
Vor allem Kindern, aber auch erwachsenen Rohkostneulingen schmeckt der Salat besser, wenn die Rüben ganz fein zerkleinert sind. So ist die Rohkost auch leichter verdaulich.
Wenn kein frischer Meerrettich erhältlich ist, können Sie auf geriebenen Meerrettich aus dem Glas zurückgreifen. Es gibt ihn inzwischen auch ungeschwefelt im Handel.
Größere Mengen frischen Meerrettich können Sie mit dem Blitzhacker zerkleinern und in Eiswürfelbehältern in kleinen Portionen einfrieren. Das spart Arbeit und Tränen. Vorsicht beim Öffnen des Blitzhackers: Die scharfen Senföle des Meerrettichs reizen Augen und Nase noch stärker als die der Zwiebel.

# Borschtsch
**Spezialität aus Rußland • Im Bild**

• Die roten Beten, die Möhre, den Sellerie und die Kartoffeln schälen. Den Lauch putzen, längs aufschlitzen und gründlich waschen. Das vorbereitete Gemüse in Scheiben oder Würfel schneiden, mit der Brühe und den Lorbeerblättern in einen Topf geben und aufkochen lassen.

• Die Zwiebeln schälen und fein würfeln. Den Weißkohl waschen, putzen und in etwa 1 cm breite Streifen schneiden. Das Öl in einer Pfanne erhitzen und die Zwiebeln und den Weißkohl darin anbraten, dann in den Topf geben. Den Eintopf in etwa 20 Minuten garen. Mit dem Essig, Salz, Pfeffer, Piment und Koriander abschmecken.

• Den Borschtsch in vier Teller verteilen und jeweils mit einem großen Klecks Schmand servieren.

Pro Portion etwa: 800 kJ/200 kcal

**Variante:**
Statt Weißkohl können Sie auch Sauerkraut nehmen. Dann jedoch den Essig weglassen.

# Rote Beten im Nußmantel

**Preiswert • Schmeckt Kindern**

• Die roten Beten schälen oder abbürsten und in etwa 1/2 cm dicke Scheiben schneiden.

• Die Haselnußkerne fein reiben.

• Das Ei, Salz und Pfeffer mit einer Gabel in einem tiefen Teller verquirlen. Das Paniermehl und die Nüsse auf einem anderen Teller mischen.

• Die roten Beten zuerst in dem verquirlten Ei, anschließend in der Paniermehl-Nuß-Mischung wenden.

• In einer Pfanne Öl oder Kokosfett erhitzen. Die Scheiben darin bei mittlerer Hitze von beiden Seiten knusprig braun braten. Dazu passen Kartoffelpüree und ein Salat.

Pro Portion etwa: 1100 kJ/260 kcal

## Tip
Wer die roten Beten lieber weicher haben will, kann die Rüben ungeschält etwa 30 Minuten vorkochen.

# Rote-Bete-Kuchen

**Auch zum Nachmittagskaffee • Im Bild**

• Die roten Beten sorgfältig schälen und fein reiben.

• Die Eier trennen. Die Eigelbe mit dem Honig cremig rühren. Nach und nach die roten Beten, die Mandeln, das Nelkenpulver, das Mehl und nach Belieben den Rum einrühren.

• Die Form gründlich einfetten. Den Backofen auf 190° vorheizen.

• Die Eiweiße steif schlagen und vorsichtig unter den Teig heben. Den Teig in die Form geben und im Ofen (Mitte, Umluft 170°) in 50–60 Minuten goldbraun backen.

Bei 12 Stück pro Stück etwa:
700 kJ/170 kcal

## Tips
Überziehen Sie den abgekühlten Kuchen mit Zitronen- oder Schokoladenguß und servieren Sie ihn mit Schlagsahne.
Nach 2–3 Tagen entfaltet der Kuchen sein köstliches Aroma am besten.

*Zutaten*

*Rote Beten im Nußmantel*
*(für 4 Personen)*
*3 rote Beten (etwa 500 g)*
*50 g Haselnußkerne*
*1 Ei*
*Salz*
*schwarzer Pfeffer*
*50 g Paniermehl*

*Zum Braten: Öl oder Kokosfett*

*Zubereitungszeit:*
*etwa 25 Minuten*

*Rote-Bete-Kuchen*
*(für 1 Springform von 26 cm Ø)*
*1–2 rote Beten (etwa 200 g)*
*5 Eier*
*100 g Honig*
*200 g Mandeln, gemahlen*
*(ersatzweise gemahlene Haselnüsse)*
*1 Prise Nelkenpulver*
*100 g Weizen- oder Dinkelvollkornmehl*
*1 Eßl. Rum nach Belieben*

*Für die Form: Fett*

*Zubereitungszeit:*
*etwa 1 Stunde 35 Minuten*
*(davon 50–60 Minuten Backzeit)*

**Zutaten für je 4 Personen**

**Bunter Steckrübensalat**
½ Steckrübe (etwa 300 g)
2 Möhren (etwa 150 g)
1 Orange
2 Eßl. Kürbiskerne

Für die Sauce:
100 g Joghurt
100 g saure Sahne
Saft von ½ Zitrone
1–2 Teel. Honig
1 Prise gemahlener Ingwer
Salz
schwarzer Pfeffer

Zubereitungszeit:
etwa 20 Minuten

**Steckrübeneintopf**
1 Steckrübe (etwa 600 g)
500 g festkochende Kartoffeln
1 Zwiebel
50 g Butter
1 l Gemüsebrühe (selbstgemacht oder Fertigprodukt)
1–2 Stangen Lauch (etwa 300 g)
1 Bund Petersilie oder
1 Schälchen Kresse
Salz
schwarzer Pfeffer
1 Teel. Sojasauce
1 Teel. Senf

Zubereitungszeit:
etwa 40 Minuten

# Bunter Steckrübensalat
**Raffiniert • Erfrischend**

• Für die Sauce den Joghurt mit der sauren Sahne, dem Zitronensaft, dem Honig und dem Ingwer verrühren. Die Sauce mit wenig Salz und Pfeffer abschmecken.

• Die Steckrübe schälen. Die Möhren abbürsten oder schälen. Beides fein in die Sauce raspeln. Die Orange schälen, in Würfel schneiden und mit dem Salat vermengen.

• Die Kürbiskerne hacken und über den Salat streuen.

Pro Portion etwa: 600 kJ/140 kcal

**Tip**
Kleinere Steckrüben sind feiner im Geschmack als große. Besonders für Rohkost eignen sie sich besser.

# Steckrübeneintopf
**Klassiker auf neue Art • Im Bild**

• Die Steckrübe und die Kartoffeln waschen, schälen und in mundgerechte Würfel schneiden. Die Zwiebel schälen und würfeln.

• In einem Topf 1 Eßlöffel Butter erhitzen und die Zwiebel darin glasig braten. Die Steckrüben- und Kartoffelwürfel dazugeben. Die Brühe angießen und den Eintopf in etwa 20 Minuten garen.

• Inzwischen den Lauch putzen, längs aufschlitzen, gründlich waschen und in etwa 1 cm breite Streifen schneiden. In den Eintopf geben und mitgaren.

• Die Petersilie waschen und hacken oder die Kresse abschneiden.

• Die restliche Butter in den Eintopf geben. Mit Salz, Pfeffer, Sojasauce und Senf kräftig würzen. Zum Schluß die Petersilie oder die Kresse darüber streuen.

Pro Portion etwa: 990 kJ/240 kcal

# Steckrüben-soufflé

**Für Gäste • Raffiniert**

- Die Steckrübe schälen, grob raspeln und in der Brühe bei mittlerer Hitze zugedeckt in etwa 10 Minuten bißfest garen.

- Die Butter in einem Topf schmelzen, das Mehl darüber stäuben und unter Rühren hellbraun anschwitzen. Die Milch und den Schmand nach und nach einrühren. Die Sauce mit Sojasauce, Senf, Salz, Pfeffer und dem Aceto Balsamico abschmecken.

- Die Eier trennen. Die Eigelbe in die Sauce rühren. Die Eiweiße steif schlagen.

- Den Backofen auf 200° vorheizen. Eine hohe Auflaufform einfetten.

- Die Steckrübe mit der Sauce mischen. Den Eischnee unterheben. Die Masse in die Form geben.

- Das Soufflé im Ofen (Mitte, Umluft 180°) in etwa 30 Minuten goldbraun backen. Dazu paßt ein Rohkostsalat.

Pro Portion etwa: 1400 kJ/330 kcal

# Steckrüben-puffer

**Schmeckt Kindern • Im Bild**

- Die Steckrübe und die Kartoffeln waschen, schälen und fein reiben. Die Zwiebel schälen, fein würfeln und dazugeben.

- Steckrübe, Kartoffeln und Zwiebel mit dem Ei und dem Mehl verrühren und mit Salz, Pfeffer und Muskat würzen.

- In einer Pfanne das Kokosfett erhitzen und den Teig darin zu kleinen Puffern ausbacken. Dazu paßt ein bunter Salat oder Apfelmus.

Pro Portion etwa: 1100 kJ/260 kcal

**Tip**
Zum Braten eignen sich die sonst so empfehlenswerten kaltgepreßten Öle mit Ausnahme des Olivenöls nicht, weil bei deren starker Erhitzung schädliche Stoffe entstehen. Statt dessen können Sie geschmacksneutrale raffinierte Öle, Butterschmalz oder Kokosfett nehmen.

---

*Zutaten für je 4 Personen*

**Steckrübensoufflé**
1 Steckrübe (etwa 600 g)
200 ml kräftige Gemüsebrühe (selbstgemacht oder Fertigprodukt)
50 g Butter
4 Eßl. Weizenvollkornmehl
$1/4$ l Milch · 100 g Schmand
1 Teel. Sojasauce
1 Teel. Senf · Salz
schwarzer Pfeffer
$1/2$ Teel. Aceto Balsamico (Balsamessig)
3 Eier

*Für die Form: Fett*

*Zubereitungszeit:
etwa 1 Stunde
(davon 30 Minuten Backzeit)*

**Steckrübenpuffer**
$1/2$ Steckrübe (etwa 300 g)
600 g mehligkochende Kartoffeln
1 Zwiebel
1 Ei
3 Eßl. Weizenvollkornmehl
Salz
schwarzer Pfeffer
1 Prise Muskat

*Zum Ausbacken: Kokosfett*

*Zubereitungszeit:
etwa 30 Minuten*

**Zutaten für je 4 Personen**

**Schwarzwurzeln mit Meerrettich**
1 kg Schwarzwurzeln
Essig · Salz

Für die Sauce:
2 Eßl. Butter
3 Eßl. Weizenvollkornmehl
1/4 l Milch
1/4 l Gemüsebrühe
2 Eßl. Schmand
1 Teel. Honig
Saft und abgeriebene Schale
von 1/2 unbehandelten
Zitrone
Salz · schwarzer Pfeffer
1/4 Stange Meerrettich

Zubereitungszeit:
etwa 40 Minuten

**Schwarzwurzeln mit Souffléhaube**
1 kg Schwarzwurzeln
Essig · Salz

Für die Souffléhaube:
30 g Butter
30 g Weizenvollkornmehl
100 g Sahne
100 g Emmentaler · 3 Eier
Salz · weißer Pfeffer
1 Prise Muskat

Für die Form: Fett

Zubereitungszeit:
etwa 1 Stunde

# Schwarzwurzeln mit Meerrettich
**Gelingt leicht • Preiswert**

• Die Schwarzwurzeln waschen, schälen und in Essigwasser legen, damit sie nicht braun werden.

• Die Stangen abtropfen lassen, in 3–4 cm lange Stücke schneiden und in Salzwasser zugedeckt bei mittlerer Hitze in 10–15 Minuten garen.

• Für die Sauce die Butter in einem Topf erhitzen, das Mehl darüber stäuben und unter Rühren anschwitzen. Die Milch und die Gemüsebrühe angießen und unter Rühren aufkochen lassen. Den Schmand einrühren. Die Sauce mit Honig, Zitronensaft und -schale, Salz und Pfeffer würzen.

• Den Meerrettich schälen und fein reiben. Den Topf vom Herd nehmen und den Meerrettich einrühren. Damit die Schärfe nicht verlorengeht, die Sauce nicht mehr kochen lassen. Die Sauce zu den Schwarzwurzeln servieren.

Pro Portion etwa: 770 kJ/180 kcal

# Schwarzwurzeln mit Souffléhaube
**Im Bild • Für Gäste**

• Die Schwarzwurzeln waschen, schälen und in Essigwasser legen, damit sie nicht braun werden.

• Die Stangen in 3–4 cm große Stücke schneiden und in Salzwasser in 10–15 Minuten bißfest garen.

• Die Butter in einem Topf schmelzen. Das Mehl darin anschwitzen. Die Sahne und 200 ml Kochwasser einrühren. Die Sauce unter Rühren aufkochen, dann abkühlen lassen.

• Den Käse reiben. Die Eier trennen. Die Eigelbe und den Käse nacheinander in die Mehlschwitze rühren und mit Salz, Pfeffer und Muskat würzen.

• Die Eiweiße steif schlagen. Eine Auflaufform einfetten. Den Backofen auf 200° vorheizen. Den Eischnee vorsichtig unter die Mehlschwitze heben.

• Die Schwarzwurzeln in die Form geben, die Soufflémasse darüber gießen. Das Soufflé im Ofen (Mitte, Umluft 180°) in 20–25 Minuten goldbraun backen.

Pro Portion etwa: 1200 kJ/390 kcal

# Starke KNOLLEN

# Kartoffel und Topinambur

**Ein Geschenk der Indianer**

Obwohl sie aus ganz verschiedenen Pflanzenfamilien stammen, haben Kartoffel und Topinambur etwas gemeinsam: die amerikanische Heimat. Mitte des 16. Jahrhunderts brachten Spanier die Kartoffel nach Europa. Die Damen der Gesellschaft freuten sich über die neuen Zierpflanzen mit den dekorativen Blüten und dachten nicht daran, davon zu essen, zumal die grünen Beeren sich als sehr giftig erwiesen. Erst im 18. Jahrhundert verhalf Friedrich der Große der Kartoffel zum Durchbruch als Volksnahrungsmittel. Er förderte ihren Anbau auf Preußens Sandböden, die reiche Ernte lieferten.

Die Topinamburpflanze gehört zu den Korbblütlern, die Kartoffel ins Reich der Nachtschattengewächse. Von beiden Pflanzen werden die unterirdisch verdickten Sprossen als Gemüse verwendet. Die Kartoffel entwickelt zehn bis zwanzig wohlgeformte Knollen, während die Topinambur je nach Sorte und Boden bis zu dreißig kleinere, häufig unförmige weißlichgelbe Knollen pro Wurzelstock bildet.

**Kartoffel:** Heute ißt jeder Deutsche täglich im Durchschnitt 200 Gramm von den ebenso gesunden wie schmackhaften Knollen. Kartoffeln haben weniger Kalorien als Nudeln oder Reis, sind also alles andere als Dickmacher. Das in ihnen reichlich vorhandene Kalium ist basenbildend und wirkt entwässernd im Körper. Fettfrei zubereitet, sind Kartoffeln eine ideale Schonkost für Magenempfindliche.

Kartoffeln gibt es – je nach Sorte – in unterschiedlichen Farben: von Weißlich über Gelb und Rot bis Blauviolett. Im Handel werden sie in drei Kategorien eingeteilt: in festkochende Sorten für Salate und Bratkartoffeln, in überwiegend festkochende für Salz- und Pellkartoffeln und in mehligkochende, die sich besonders gut zu Püree, Suppen und Klößen verarbeiten lassen.

Für Gerichte, bei denen die Kartoffeln ungeschält verwendet werden, eignen sich am besten die Frühkartoffeln, die es ab Juni aus heimischem Anbau auf dem Markt gibt. Sie werden vor der vollständigen Reife geerntet, sind weniger reich an Stärke und werden schneller gar als die späteren Sorten. Auch dunkel und kühl gelagert halten sie sich nicht länger als 14 Tage.

**Topinambur:** Kenner schätzen die Topinamburknolle als ein außergewöhnliches Delikateß- und Diätgemüse. Diabetiker können durch den Verzehr von Topinambur ihren Verbrauch an Insulin senken und gleichzeitig dessen Produktion im Körper ankurbeln. Und für alle, die abnehmen wollen, hier die gute Nachricht: Das Inulin in der Topinambur wirkt als natürlicher Appetithemmer. Außerdem läßt das in den Knollen reichlich vorhandene Kalium den Kalorienverbrauch beim Stoffwechsel steigen; gleichzeitig wirkt es – wie bei der Kartoffel – entwässernd. Das kommt nicht nur Ihrer Gesundheit, sondern auch Ihrem Aussehen zugute, denn Kalium wirkt der Cellulitis entgegen und strafft die Haut.

Die Topinambur hat viele verschiedene Namen: Erd- oder Jerusalemartischocke, auch Erdbirne, und mancherorts entsprechend ihrer Herkunft Indianerknolle. Wegen ihrer Zugehörigkeit zu den Sonnenblumenarten wird sie, wenn auch selten, Knollensonnenblume genannt. Die Topinamburpflanze blüht ab September mit vielen, jeweils etwa 6 Zentimeter großen gelben Blüten. Sie ist stärker belaubt als die Sonnenblume und wächst bis zu 3 Meter hoch. Deshalb wird Topinambur auch gerne als einjähriger schnellwachsender Sicht- und Windschutz gepflanzt. Leider breitet sich die Pflanze im Garten stark aus; es sei denn, Sie ernten immer sorgfältig alle Knollen und Knöllchen. Auch für die Diätindustrie, als Bienenweide, Vieh-, insbesondere Pferdefutter und für die Wildfütterung wird Topinambur angepflanzt. Darüber hinaus laufen wissenschaftliche Versuche, aus Topinambur Treibstoff zu gewinnen, die Pflanze also als nachwachsenden Rohstoff zu nutzen.

Äußerlich ähnelt die Topinambur der Ingwerwurzel. Je nach Sorte schimmert das Fruchtfleisch weiß, gelb, rot oder violett durch die dünne Schale. Die Knollen sind winterhart (bis $-15°$), können also auch im Winter geerntet werden. Zum Lagern eignen sie sich nicht; schon nach kurzer Zeit trocknen sie aus und werden schrumpelig – auch in dunklen und kühlen Räumen.

*Kleine Kartoffelprüfung*

*Gute und lagerfähige Kartoffeln erkennen Sie an*
- *glatten festen Knollen, die unversehrt und ohne grüne Stellen und Keime angeboten werden*
- *dem weißen klebrigen Schaum, der beim Aneinanderreiben von Schnittflächen entsteht*
- *der Festigkeit der Kartoffel und daran, daß kein Wasser austritt, wenn Sie auf eine Hälfte drücken*
- *dem gleichmäßigen Garen der Knollen; Pellkartoffeln sollen nicht innen noch fest sein, während sie außen schon zerfallen.*

*Einwandfreie Spätkartoffeln halten sich frostfrei, kühl ($4-6°$) und dunkel gelagert den ganzen Winter über. Ungünstige Lagerbedingungen führen dazu, daß die Kartoffeln nach einer verkürzten Keimruhe schon mitten im Winter zu keimen beginnen. In hellen Räumen sollten Sie die Kartoffeln abdecken. Bewahren Sie Kartoffeln auf keinen Fall in geschlossenen Plastikbeuteln auf, darin faulen sie ganz schnell.*

**Zutaten für je 4 Personen**

**Sesamkartoffeln vom Blech**
5 Eßl. Olivenöl
Salz
2 Eßl. Sesamsamen
1 kg festkochende Kartoffeln

Zubereitungszeit:
etwa 1 1/4 Stunden (davon
50–60 Minuten Backzeit)

**Kartoffel-Apfel-Gratin**
800 g festkochende
Kartoffeln
2 säuerliche Äpfel (zum Beispiel Boskop, etwa 400 g)
200 g Camembert

Für den Guß:
100 g Sahne
2 Eier
1 Teel. Paprikapulver,
edelsüß
Salz
schwarzer Pfeffer

Für die Form: Fett

Zubereitungszeit:
etwa 1 Stunde 5 Minuten
(davon 30 Minuten Backzeit)

# Sesamkartoffeln vom Blech
**Gelingt leicht • Im Bild**

- Das Öl in einer großen Schüssel mit Salz und dem Sesam mischen.

- Den Backofen auf 200° vorheizen.

- Die ungeschälten Kartoffeln gründlich abbürsten, trockentupfen und halbieren.

- Die Kartoffeln in der Schüssel mit dem Öl schwenken. Mit der Schnittfläche auf ein Backblech setzen und im Ofen (Mitte, Umluft 180°) in 50–60 Minuten backen.

Pro Portion etwa: 1200 kJ/290 kcal

**Varianten:**
Ersetzen Sie die Sesamsamen durch 2 Teelöffel Kümmel, durch 2 durchgepreßte Knoblauchzehen, oder würzen Sie die Kartoffeln mit 2 Teelöffeln frischen Rosmarinnadeln.

# Kartoffel-Apfel-Gratin
**Pikant • Raffiniert**

- Die Kartoffeln waschen, in einen Topf geben, knapp mit Wasser bedecken und in 20–30 Minuten weich kochen.

- Inzwischen die Äpfel waschen, trockenreiben, vierteln, die Kerngehäuse entfernen, und die Viertel in dünne Scheiben schneiden. Den Camembert ebenfalls in Scheiben schneiden.

- Für den Guß die Sahne, die Eier und das Paprikapulver verquirlen und mit Salz und Pfeffer abschmecken.

- Den Backofen auf 200° vorheizen. Die Kartoffeln abgießen, pellen und in Scheiben schneiden.

- Eine etwa 25 × 30 cm große Auflaufform fetten. Die Kartoffel-, Apfel- und Camembertscheiben einschichten. Mit der Eiersahne übergießen.

- Das Gratin im Ofen (Mitte, Umluft 180°) in etwa 30 Minuten goldbraun backen. Reichen Sie dazu Preiselbeermarmelade und Feldsalat.

Pro Portion etwa: 1900 kJ/450 kcal

# Bunte Herzoginkartoffeln
Für Gäste • Etwas aufwendiger

- Die Kartoffeln waschen, in einen Topf geben, knapp mit Wasser bedecken und in 20–30 Minuten weich kochen.

- Inzwischen den Spinat verlesen und waschen. In einem Topf etwa 1 l Salzwasser aufkochen lassen. Den Spinat etwa 1 Minute im sprudelnd kochenden Wasser blanchieren. Mit einem Schaumlöffel herausnehmen, abtropfen lassen und pürieren.

- Die Möhre putzen, schälen und in Scheiben schneiden. In einem Topf mit wenig Wasser zugedeckt in etwa 10 Minuten weich dünsten.

- Inzwischen den Käse fein reiben.

- Die Kartoffeln abgießen, abschrecken, pellen und durch die Kartoffelpresse drücken.

- Die Butter schmelzen und zusammen mit dem Käse, den Eiern, Salz, Pfeffer und Muskat in das Kartoffelpüree einrühren.

- Die Möhre abgießen und pürieren.

- Ein Drittel von dem Kartoffelteig mit dem Spinat vermischen, ein weiteres Drittel mit der Möhre.

- Zwei oder drei Backbleche einfetten. Den Backofen auf 200° vorheizen.

- Die drei verschiedenfarbigen Teige nacheinander in einen Spritzbeutel mit großer Sterntülle füllen. Mit wenig Abstand voneinander kleine Häufchen auf die Backbleche spritzen.

- Die Herzoginkartoffeln im Ofen (Mitte, Umluft 180°) in jeweils etwa 25 Minuten backen.

Pro Portion etwa: 1600 kJ/380 kcal

**Tip**
Frisch aus dem Ofen schmecken die Herzoginkartoffeln am besten. Ideal für die Zubereitung ist ein Umluftherd, in dem auf mehreren Blechen gleichzeitig gebacken werden kann.

**Variante:**
Sie können den Kartoffelteig auch mit feingehackten Kräutern oder Tomatenmark färben.

---

*Zutaten für 8 Personen*

*1,5 kg überwiegend festkochende Kartoffeln*
*150 g Spinat*
*Salz*
*1 Möhre (etwa 150 g)*
*200 g Emmentaler*
*150 g Butter*
*2 Eier*
*weißer Pfeffer*
*½ Teel. Muskat*

*Für die Bleche: Fett*

*Zubereitungszeit:*
*etwa 1 Stunde 40 Minuten*
*(davon je Blech 25 Minuten Backzeit)*

*Zutaten für je 4 Personen*

**Kartoffelwaffeln**
*500 g mehligkochende Kartoffeln
1–2 Zwiebeln
4 Eier · Salz
75 g Vollkornmehl*

*Für das Waffeleisen:
Öl*

*Zubereitungszeit:
etwa 40 Minuten*

**Topinambur mit Rahmsauce**
*1 kg Topinambur
Salz*

*Für die Sauce:
60 g Weizenvollkornmehl
1 Zwiebel
3 Eßl. Butter
1/4 l Milch
1/4 l Gemüsebrühe (selbstgemacht oder Fertigprodukt)
abgeriebene Schale von
1/2 unbehandelten Zitrone
1 Teel. Zitronensaft
1 Teel. Sojasauce
1 Prise Muskat
Salz · weißer Pfeffer
4 Eßl. Weißwein nach Belieben
3 Eßl. Sahne*

*Zubereitungszeit:
etwa 30 Minuten*

# Kartoffelwaffeln
**Auch zum Nachmittagskaffee • Im Bild**

• Die Kartoffeln schälen und fein reiben. Die Zwiebeln schälen und fein hacken.

• Beides mit den Eiern, Salz und Mehl verrühren.

• Ein Waffeleisen einfetten. Den Teig darin portionsweise zu Waffeln backen. Dazu Apfelmus reichen. Die Waffeln schmecken nur ganz frisch.

Bei 8 Stück pro Stück etwa:
1100 kJ/260 kcal

# Topinambur mit Rahmsauce
**Gelingt leicht • Preiswert**

• Die Topinamburknollen waschen und in 15–20 Minuten in Salzwasser garen.

• Inzwischen für die Sauce das Mehl in einer trockenen Pfanne anrösten, bis es duftet, dann beiseite stellen. Die Zwiebel schälen und würfeln. Die Butter in einem Topf erhitzen und die Zwiebel darin glasig braten. Die Milch und die Gemüsebrühe angießen. Das Mehl mit dem Schneebesen einrühren. Die Sauce unter Rühren aufkochen lassen.

• Die Sauce mit Zitronenschale und -saft, Sojasauce, Muskat, Salz und Pfeffer würzen. Nach Belieben den Weißwein einrühren. Die Sauce mit der Sahne verfeinern.

• Die Topinamburknollen pellen und mit der Sauce servieren.

Pro Portion etwa: 1200 kJ/290 kcal

**Tip**
Topinamburknollen zerfallen leicht bei zu langem Kochen. Machen Sie öfter eine Garprobe.

# Topinamburgratin
**Raffiniert • Im Bild**

- Die Topinambur waschen und in Salzwasser in 15–20 Minuten garen.

- Inzwischen für den Guß Sahne, Ei, Salz und Pfeffer verrühren.

- Den Grünkernschrot und die Nüsse in einer trockenen Pfanne leicht anrösten. 200 ml Wasser einrühren. Die Masse salzen und pfeffern.

- Eine etwa 25 × 30 cm große Auflaufform einfetten. Den Backofen auf 200° vorheizen.

- Die Topinambur abgießen, abschrecken, pellen, in etwa 1 cm dicke Scheiben schneiden und in die Auflaufform geben. Den Guß darüber gießen und die Grünkern-Nuß-Masse darauf verteilen.

- Das Gratin im Ofen (Mitte, Umluft 180°) in etwa 20 Minuten knusprig braun backen. Dazu paßt Salat.

Pro Portion etwa: 2100 kJ/500 kcal

# Topinambursoufflé
**Etwas aufwendiger • Für Gäste**

- Die Topinambur und die Kartoffeln waschen. Die Kartoffeln in 20–30 Minuten, die Topinambur in 15–20 Minuten garen. Beide Gemüse abschrecken, pellen und beiseite stellen.

- Die Butter in einem Topf schmelzen lassen. Das Mehl unter Rühren darin anschwitzen. Die Milch einrühren und aufkochen lassen. Die Sauce etwas abkühlen lassen.

- Eine hohe Auflaufform einfetten. Den Käse fein reiben. Die Eier trennen. Die Eiweiße steif schlagen. Den Backofen auf 200° vorheizen.

- Die Eigelbe und den Käse in die Sauce rühren. Mit Salz, Pfeffer und Muskat würzen. Die Topinambur und die Kartoffeln grob raspeln und mit der Sauce vermengen. Den Eischnee unterheben. Die Masse in die Form geben.

- Das Soufflé im Ofen (Mitte, Umluft 180°) in etwa 30 Minuten backen.

Pro Portion etwa: 1700 kJ/400 kcal

---

*Zutaten für je 4 Personen*

**Topinamburgratin**
*1 kg Topinambur*
*Salz*
*200 g Sahne · 1 Ei*
*weißer Pfeffer*
*100 g Grünkern, geschrotet*
*100 g Haselnüsse, grob gehackt*

*Für die Form: Fett*

*Zubereitungszeit:*
*etwa 50 Minuten*
*(davon 20 Minuten Backzeit)*

**Topinambursoufflé**
*750 g Topinambur*
*250 g mehligkochende Kartoffeln*

*Für die Sauce:*
*50 g Butter*
*40 g Weizenvollkornmehl*
*1/4 l Milch*
*100 g Emmentaler*
*3 Eier*
*Salz · schwarzer Pfeffer*
*Muskat*

*Für die Form: Fett*

*Zubereitungszeit:*
*etwa 1 Stunde 10 Minuten*
*(davon 30 Minuten Backzeit)*

# Köpfe mit Charakter

# Von Blumenkohl bis Wirsing

Sie sind preiswert und gesund, die verschiedenen Kohlgewächse, die seit jeher als wichtigstes Wintergemüse gelten. Nicht nur in Aussehen und Geschmack unterscheiden sie sich voneinander, auch ganz unterschiedliche Pflanzenteile werden von ihnen verwendet. Beim Kopfkohl in seinen Varianten Weiß-, Spitz-, Rot- und Grünkohl sowie beim Wirsing essen wir die Blätter. Beim Rosenkohl sind es die Triebknospen in den Blattachseln, die uns so gut schmecken. Und beim Blumenkohl ist es der fleischig verdickte Blütenstand, beim Kohlrabi der verdickte Stengel, der auf dem Teller landet.

### Rund und gesund

Inzwischen ist es wissenschaftlich belegt: Kohl wirkt vorbeugend gegen Infektions-, Krebs-, Herz- und Kreislaufkrankheiten sowie gegen Diabetes. Alle Kohlarten, voran der Grünkohl, sind reich an Vitamin C und dessen Vorstufe Ascorbigen. Die im Kopfkohl reichlich vorhandenen Senföle und Ballaststoffe wirken verdauungsfördernd, verursachen aber auch Blähungen.

Grün- und Rosenkohl können auch im Winter geerntet werden; Spätsorten von Kopfkohl und Kohlrabi halten sich dunkel und kühl gelagert fast den ganzen Winter über frisch. Die Früh- und Sommersorten dagegen – zu denen auch der Spitzkohl zählt – sollten Sie höchstens ein paar Tage aufbewahren.

**Kohlrabi:** Die blauvioletten Knollen unterscheiden sich in ihrem leicht nußartigen Geschmack nicht von den hellen Sorten. Kaufen Sie Ihre Kohlrabis mit Laub. An den Blättern erkennen Sie, wie frisch das Gemüse ist, außerdem enthalten die kleinen Herzblätter besonders viele wertvolle Stoffe.

**Weißkohl, Spitzkohl:** Der seit Urzeiten bei uns heimische Weißkohl hat den Deutschen den Beinamen »Krauts« eingebracht. Eine der vielen Sorten des Weißkohls ist der kegelförmige Spitzkohl. Weißkohl wird überwiegend aus heimischem Freilandanbau angeboten. Spitzkohl kommt häufig aus holländischer Treibhauskultur.
Aus Weißkohl wird das besonders bekömmliche Vitamin-C-reiche Sauer-

kraut hergestellt. Dafür wird der Weißkohl gehobelt, gesalzen und gestampft. Nach einiger Zeit entsteht dann die Milchsäure, die das Sauerkraut haltbar macht. Sauerkraut ist ein optimales Mittel gegen Darmträgheit und zum Wiederaufbau der natürlichen Darmflora.

**Rotkohl:** auch als Blaukraut bezeichnet, schmeckt etwas süßlicher als Weißkohl, hat aber im übrigen ähnliche Eigenschaften.
Mit Rotkohl und fast allen Gewürzen und Früchten, die bei der Weihnachtsbäckerei verwendet werden, können Sie edelste Delikatessen kreieren.

**Rosenkohl:** Mit seiner nur etwa hundert Jahre alten Kulturgeschichte ist der Rosenkohl der jüngste Sprößling der Kohlfamilie. Rosenkohl wird durch Frosteinwirkung feiner im Geschmack. Er ist relativ leicht verdaulich, wegen des Puringehalts sollten ihn Gichtkranke allerdings meiden.

**Wirsing:** Das Kohlgewächs mit den grünen krausen und blasigen Blättern wird zu Recht als Krauskohl gehandelt. Weil er nicht soviel Senföl wie der Weißkohl enthält, schmeckt er zarter und ist bekömmlicher. Die meisten Vitamine und Mineralstoffe sitzen in seinen Außenblättern, die fester und kräftiger im Geschmack sind als die feinen Innenblätter. Für Rohkost eignet sich Wirsing, ebenso wie Grünkohl, weniger gut.
Ein Umschlag aus Wirsingblättern gilt als entzündungshemmend und soll bei Hautkrankheiten, Bronchitis und Rheuma helfen.

**Blumenkohl:** Das edle unter den Kohlgewächsen schmeckt nicht nur besonders fein, sondern eignet sich auch bestens für Schonkost, denn es ist gut verdaulich und reich an Vitamin C. Auch bei Arthritis, Asthma sowie Nieren- und Blasenleiden wird Blumenkohl sehr empfohlen.

**Grünkohl:** Der besonders im Norden Deutschlands beliebte herzhafte Kohl wird je nach Region auch Blätter-, Kraus-, Feder- oder Braunkohl genannt. Nachdem er den ersten Frost abbekommen hat, schmeckt er besonders gut.

### *Guter Kohl für wenig Kohle*

*Prüfen Sie das zumeist preiswert angebotene Kohlgemüse auf folgende Eigenschaften:*
- *Sind die Kohlköpfe und Rosenkohlröschen eher kleiner und damit aromatischer und gesünder als die großen Exemplare? (Bedenken Sie aber dabei, daß das Putzen von kleinen Röschen länger dauert.)*
- *Sind die Blätter knackig?*
- *Ist der Anschnitt am Wurzelstrunk frisch und saftig, riecht er auch beim Blumenkohl nicht unangenehm?*
- *Ist der Kohlkopf fest geschlossen, ebenso die Röschen von Blumen- und Rosenkohl?*
- *Ist der Kohlrabi am Strunk nicht holzig, so daß davon ausgegangen werden kann, daß die ganze Knolle zart ist?*
- *Kommt der Kohl aus kontrolliert biologischem Anbau (kbA)?*

*Zutaten für je 4 Personen*

**Kohlrabisalat**
2 Kohlrabi (etwa 500 g)
50 g Walnußkerne

*Für die Sauce:*
100 g saure Sahne
Saft von 1 Zitrone
1 Teel. Honig

*Zubereitungszeit:
etwa 15 Minuten*

**Kohlrabischnitzel**
1–2 Kohlrabi (etwa 500 g)
1 Ei
abgeriebene Schale von
1 unbehandelten Zitrone
Salz
schwarzer Pfeffer
100 g Paniermehl

*Zum Ausbacken:*
Öl oder Kokosfett

*Zubereitungszeit:
etwa 20 Minuten*

# Kohlrabisalat
### Erfrischend • Schnell

• Für die Sauce die saure Sahne mit dem Zitronensaft und dem Honig verrühren.

• Die Kohlrabi schälen und in die Sauce raspeln.

• Die Walnußkerne grob hacken und über den Salat streuen.

Pro Portion etwa: 640 kJ/150 kcal

## Tips
Besonders gut sind die zarten Schmelzkohlrabis, die im Spätherbst und Winter angeboten werden. Hacken Sie die kleinen Herzblättchen der Kohlrabis, aber auch zarte größere wie Gewürzkräuter fein und streuen Sie sie über das fertige Gericht. Das schmeckt gut und ist gesund.

# Kohlrabischnitzel
### Preiswert • Im Bild

• Die Kohlrabi schälen und in etwa 1 cm dicke Scheiben schneiden.

• Das Ei in einem tiefen Teller mit der Zitronenschale, Salz und Pfeffer verquirlen. Das Paniermehl in einen zweiten tiefen Teller geben.

• Die Kohlrabischeiben erst in dem Ei, dann in dem Paniermehl wenden.

• Das Öl oder Kokosfett in einer Pfanne erhitzen. Die Kohlrabischeiben bei mittlerer Hitze darin goldbraun braten. Ein Rohkostsalat und Kartoffelpüree oder Pellkartoffeln mit Meerrettichsauce (Schwarzwurzeln mit Meerrettich, Seite 40) passen dazu.

Pro Portion etwa: 860 kJ/200 kcal

## Tip
Wer die Kohlrabi lieber weicher haben will, kann die Scheiben vor dem Panieren etwa 5 Minuten in kochendem Salzwasser blanchieren.

# Pikanter Weißkohlsalat
**Preiswert • Läßt sich gut vorbereiten**

• Den Weißkohl vierteln, den Strunk und die äußeren Blätter entfernen und den Kohl in ganz feine Streifen schneiden oder hobeln. Den Kohl salzen und mit den Händen gründlich kneten, bis er geschmeidig ist.

• Die Zwiebel schälen und fein würfeln.

• Essig und Öl mit etwas Salz und Pfeffer verrühren und nach Belieben mit dem Honig abschmecken. Die Zwiebel dazugeben.

• Die Sauce mit dem Kohl mischen. Den Salat zugedeckt mindestens 2 Stunden durchziehen lassen.

Pro Portion etwa: 330 kJ/70 kcal

**Variante:**
**Griechischer Weißkohlsalat**
Ergänzen Sie den Weißkohlsalat mit Paprikastreifen oder Möhrenscheibchen, Oliven und Schafkäsewürfeln.

# Ungarischer Krauttopf
**Gelingt leicht • Im Bild**

• Den Weißkohl vierteln, den Strunk und die äußeren Blätter entfernen und den Kohl in etwa 1 cm breite Streifen schneiden. Den Lauch putzen, längs aufschlitzen, gründlich waschen und ebenfalls in etwa 1 cm breite Streifen schneiden. Die Zwiebel schälen und grob würfeln.

• Das Öl in einem großen Topf erhitzen. Die Zwiebel in dem Öl glasig braten.

• Das Gemüse, die Brühe und das Tomatenmark dazugeben. Zugedeckt bei mittlerer Hitze in 20–25 Minuten bißfest kochen.

• Den Krauttopf mit Wein, Sojasauce, Paprikapulver, Oregano, Basilikum, Thymian, Salz und Pfeffer kräftig würzen. Ist der Eintopf noch zu dünn, Vollkornmehl darüber stäuben und unter Rühren aufkochen lassen. Zuletzt die saure Sahne einrühren. Dazu passen Kartoffeln oder Reis.

Pro Portion etwa: 660 kJ/160 kcal

*Zutaten für je*

**Pikanter W...**
1/2 Weißkohl (etwa
1/2 Teel. Salz

*Für die Sauce:*
1 Zwiebel
1 Eßl. Weinessig
2 Eßl. Olivenöl
Salz · weißer Pfeffer
1 Teel. Honig nach Belieben

*Zubereitungszeit:*
2 1/4 Stunden (davon 2 Stunden Ruhezeit)

**Ungarischer Krauttopf**
1/2 Weißkohl (etwa 500 g)
2 Stangen Lauch
1 Zwiebel · 2 Eßl. Öl
400 ml Gemüsebrühe
(selbstgemacht oder Fertigprodukt)
2 Eßl. Tomatenmark
1/8 l Rotwein (ersatzweise
1 Eßl. Aceto Balsamico
[Balsamessig])
1 Teel. Sojasauce
je 1/2 Teel. Paprikapulver, edelsüß, getrockneter Oregano, Basilikum, Thymian
Salz · schwarzer Pfeffer
eventuell 1–2 Eßl. Weizenvollkornmehl
100 g saure Sahne

*Zubereitungszeit:*
etwa 40 Minuten

## Zutaten für 6 Personen

*Für den Teig:*
500 g Weizenvollkornmehl
2 Eier
3 Eßl. Öl
1/2 Teel. Salz
1/2 Teel. gemahlener Koriander
1/2 Teel. gemahlener Kümmel

*Für die Füllung:*
1 kleiner Weißkohl (etwa 1 kg)
2 Eßl. Öl
Salz
schwarzer Pfeffer
1/2 Teel. Kümmel
1/2 Teel. gemahlener Koriander
1/4 l Gemüsebrühe (selbstgemacht oder Fertigprodukt)

*Zum Ausbacken:*
3 Eßl. Öl

*Zum Ausrollen:*
Mehl

*Zubereitungszeit:*
etwa 1 Stunde 20 Minuten

# Schwäbische Krautkrapfen
**Für Geübte • Braucht etwas Zeit**

• Für den Teig das Mehl mit den Eiern, dem Öl, 1/8 l kaltem Wasser, dem Salz, dem Koriander und dem Kümmel verkneten und etwa 30 Minuten zugedeckt bei Zimmertemperatur ruhen lassen.

• Inzwischen den Kohl vierteln, die äußeren Blätter entfernen, den Strunk herausschneiden und den Kohl in schmale Streifen schneiden.

• Das Öl in einer großen Pfanne erhitzen und den Kohl darin anbraten. Salz, Pfeffer, Kümmel und Koriander dazugeben. Den Kohl zugedeckt bei schwacher Hitze etwa 15 Minuten garen. Zwischendurch immer wieder wenden.

• Den Teig auf einem gut bemehlten Küchentuch zu einem Rechteck von etwa 40 × 60 cm ausrollen. Die Füllung auf etwa drei Viertel der Fläche von der langen Seite her verteilen. Den Teig von der belegten langen Seite her durch Anheben des Küchentuches aufrollen. Die fertige Rolle in sechs gleichgroße Portionen schneiden.

• Das Öl zum Ausbacken in einer großen Pfanne erhitzen. Die Stücke auf einer Schnittstelle dicht nebeneinander in die Pfanne setzen und etwa 2 Minuten anbraten, dann auf die zweite Schnittstelle wenden und diese ebenfalls anbraten.

• Die Gemüsebrühe erhitzen und zu den Krapfen gießen. Die Krautkrapfen zugedeckt in etwa 20 Minuten fertiggaren.

Pro Portion etwa: 1600 kJ/380 kcal

**Tips**
Dazu paßt traditionell Kartoffelsalat auf schwäbische Art: Sie schneiden frische, noch warme Pellkartoffeln in Scheiben und marinieren sie in einer Sauce aus heißer kräftiger Brühe, Öl, Essig, Senf, Zwiebelwürfeln, Pfeffer und Salz.
Bekömmlicher sind Kohlgerichte zusammen mit Kümmel, Anis, Fenchelsamen, Koriander, Majoran oder Thymian.

# Fruchtiger Sauerkrautsalat

**Erfrischend • Schnell**

• Für die Sauce die saure Sahne mit dem Zitronensaft, dem Honig und dem Ingwer verrühren.

• Das Sauerkraut etwas kleiner schneiden. Die Orange schälen und in Stücke schneiden. Den Apfel waschen, trockenreiben, vom Kerngehäuse befreien und in Würfel schneiden.

• Das Sauerkraut mit den Fruchtstücken und der Sauce vermischen.

Pro Portion etwa: 370 kJ/88 kcal

**Tip**
Selbst für empfindliche Mägen ist rohes Sauerkraut gut verträglich, wenn es fein zerkleinert und sorgfältig gekaut wird. Lange gekochtes Sauerkraut dagegen liegt eher schwer im Magen.

# Spitzkohlpfanne

**Schnell • Im Bild**

• Den Spitzkohl halbieren, die äußeren Blätter und den Strunk entfernen, und den Kohl in etwa 1 cm breite Streifen schneiden. Die Möhren abbürsten oder dünn schälen und in ganz feine Scheiben oder Streifen schneiden. Den Lauch putzen, längs aufschlitzen, gründlich waschen und in feine Streifen schneiden. Die Zwiebel schälen und würfeln.

• Das Öl in einem Wok oder in einer großen Pfanne erhitzen und die Zwiebel darin glasig braten. Die übrigen Gemüse dazugeben und unter ständigem Rühren in 5–7 Minuten bißfest garen.

• Das Gemüse mit dem Curry, der Sojasauce, Salz und Pfeffer würzen, die Crème fraîche unterrühren. Dazu paßt Vollkornreis.

Pro Portion etwa: 620 kJ/150 kcal

**Tip**
Spitzkohl ist – ebenso wie die Frühkohlsorten im Sommer – lockerer, zarter, bekömmlicher und schneller gar als der Winterkohl.

---

*Zutaten für je 4 Personen*

**Fruchtiger Sauerkrautsalat**
*400 g Sauerkraut*
*1 Orange*
*1 Apfel*

*Für die Sauce:*
*100 g saure Sahne*
*Saft von 1/2 Zitrone*
*1 Teel. Honig*
*1 Prise gemahlener Ingwer*

*Zubereitungszeit:*
*etwa 10 Minuten*

**Spitzkohlpfanne**
*1 Spitzkohl (etwa 1 kg)*
*1–2 Möhren*
*1 Stange Lauch*
*1 Zwiebel*
*2 Eßl. Öl*
*1 Teel. Currypulver*
*1 Teel. Sojasauce*
*Salz*
*weißer Pfeffer*
*100 g Crème fraîche (ersatzweise saure Sahne)*

*Zubereitungszeit:*
*etwa 20 Minuten*

## Zutaten für 4 Personen

170 g Vollkornreis
Salz
1 Rotkohl
250 g Champignons
1–2 Zwiebeln
4 Eßl. Öl
schwarzer Pfeffer
1 Teel. Sojasauce
abgeriebene Schale von
½ unbehandelten Zitrone
½ Teel. Aceto Balsamico
(Balsamessig)
⅛ l trockener Rotwein
(ersatzweise Gemüsebrühe)
¼ l Gemüsebrühe (selbstgemacht oder Fertigprodukt)
3 Eßl. Rosinen
2 Eßl. Vollkornmehl nach
Belieben
100 g Crème fraîche

*Außerdem:*
Rouladennadeln oder
Küchengarn

*Zubereitungszeit:*
etwa 1 Stunde 10 Minuten
(davon 30 Minuten Garzeit)

# Rotkohlrouladen
### Etwas aufwendiger • Für Gäste

• Den Reis in Salzwasser in etwa 30 Minuten weich kochen.

• In einem großen Topf reichlich Salzwasser zum Kochen bringen. Den Rotkohl putzen, waschen und den Strunk trichterförmig herausschneiden. Den Kopf in dem sprudelnd kochenden Wasser etwa 10 Minuten blanchieren.

• Währenddessen für die Füllung die Champignons waschen, putzen und würfeln. Die Zwiebeln schälen und würfeln. 2 Eßlöffel Öl in einem Topf erhitzen und die Zwiebeln darin anbraten. Die Champignons dazugeben und mit anbraten. Bei Bedarf etwas Wasser angießen. Die Zwiebeln und die Pilze zugedeckt bei mittlerer Hitze in etwa 5 Minuten gar dünsten.

• Von dem Rotkohl vorsichtig 8 große Blätter lösen. Den restlichen Rotkohl für ein anderes Rezept verwenden. Die dicken Rippen flach schneiden.

• Den Reis zu den Pilzen geben. Die Füllung mit Salz, Pfeffer, Sojasauce, der Zitronenschale und dem Aceto Balsamico kräftig abschmecken.

• Die Füllung auf die Rotkohlblätter verteilen. Die Blätter seitlich etwas einschlagen und aufrollen. Die Rouladen mit Rouladennadeln feststecken oder mit Küchengarn verschnüren.

• Das restliche Öl in einer großen Pfanne oder in einem Bräter erhitzen und die Rouladen darin rundherum anbraten. Den Rotwein und die Gemüsebrühe angießen. Die Rosinen dazugeben. Die Rouladen zugedeckt bei mittlerer Hitze in etwa 30 Minuten weich schmoren.

• Die Rouladen aus der Pfanne oder dem Bräter nehmen und warm stellen. In den Fond nach Belieben zum Andicken das Mehl einstreuen und unter Rühren kurz aufkochen lassen. Die Crème fraîche in die Sauce rühren. Die Sauce mit Salz, Pfeffer, Sojasauce und Aceto Balsamico abschmecken. Die Rotkohlrouladen mit der Sauce servieren. Dazu paßt Pastinaken-Möhren-Gemüse (Variante, Seite 28).

Pro Portion etwa: 1400 kJ/330 kcal

# Rotkohl-frischkost
**Preiswert • Gelingt leicht**

• Für die Nuß-Rahm-Sauce den Joghurt mit der Sahne, dem Zitronensaft, dem Honig und dem Cayennepfeffer verrühren.

• Die Nußkerne grob hacken. Nach Belieben in einer trockenen Pfanne leicht anrösten und in die Sauce geben.

• Von dem Rotkohl die äußeren Blätter entfernen. Den Kohl vierteln und den Strunk herausschneiden. Die Viertel hobeln oder in ganz feine Streifen schneiden. Die Streifen mit etwas Salz gründlich verkneten, bis sie geschmeidig sind.

• Den Rotkohl mit der Sauce gründlich vermischen.

Pro Portion etwa: 900 kJ/210 kcal

**Variante:**
Die Nüsse können Sie auch durch 2 Eßlöffel Erdnußmus ersetzen, das Sie in die Sauce einrühren.

# Rosenkohl-Kartoffel-Gratin
**Läßt sich gut vorbereiten • Im Bild**

• Die Kartoffeln waschen und in 20–30 Minuten gar kochen. Inzwischen den Rosenkohl putzen und waschen. Die Strünke über Kreuz einschneiden. Die Zwiebel schälen und würfeln.

• Das Öl in einem Topf erhitzen und die Zwiebel darin glasig braten. Den Rosenkohl und etwa 100 ml Wasser dazugeben. Den Kohl zugedeckt bei mittlerer Hitze in 12–15 Minuten bißfest dünsten.

• Die Eier mit der Sahne, Sojasauce, Muskat, Salz und Pfeffer verquirlen. Den Käse reiben. Eine etwa 25 × 30 cm große Auflaufform einfetten. Den Backofen auf 200° vorheizen.

• Die Kartoffeln abgießen, pellen, in Scheiben schneiden und zusammen mit dem Rosenkohl in die Auflaufform schichten. Den Guß darüber gießen. Den Käse mit dem Paniermehl mischen und über das Gratin streuen. Das Gratin im Ofen (Mitte, Umluft 180°) in etwa 20 Minuten goldbraun backen.

Pro Portion etwa: 2000 kJ/480 kcal

---

*Zutaten für je 4 Personen*

**Rotkohlfrischkost**
*1/2 Rotkohl (etwa 500 g)
Salz*

*Für die Sauce:
150 g Joghurt
100 g Sahne
Saft von 1/2 Zitrone
1 Teel. Honig
1 Prise Cayennepfeffer
50 g Walnußkerne*

*Zubereitungszeit:
etwa 20 Minuten*

**Rosenkohl-Kartoffel-Gratin**
*600 g festkochende Kartoffeln
1 kg Rosenkohl
1 Zwiebel
2 Eßl. Öl*

*Für den Guß:
2 Eier
100 g Sahne
1 Teel. Sojasauce
1 Prise Muskat
Salz
schwarzer Pfeffer
100 g Emmentaler
2 Eßl. Paniermehl*

*Für die Form: Fett*

*Zubereitungszeit:
etwa 1 Stunde (davon
20 Minuten Backzeit)*

# Rosenkohlpastete

**Fürs Buffet • Läßt sich gut vorbereiten**

*… Dinkelvollkornmehl*
*Salz*
*schwarzer Pfeffer*
*½ Teel. Currypulver*
*1 Messerspitze Muskat*
*1 Zwiebel*
*100 g Emmentaler*
*2 lange Möhren (etwa 200 g)*
*300 g Rosenkohl*
*1 Bund Petersilie*
*1 Teel. Sojasauce*

*Für die Form: Backpapier*

*Zubereitungszeit:*
*etwa 1 Stunde 20 Minuten*
*(davon 40–50 Minuten*
*Backzeit)*

- Die Eier mit der Sahne, dem Dinkelmehl, Salz, Pfeffer, Curry und Muskat zu einem Teig verrühren. Zugedeckt bei Zimmertemperatur etwa 20 Minuten ruhen lassen.

- In der Zwischenzeit in einem großen Topf etwa 2 l Salzwasser zum Kochen bringen.

- Die Zwiebel schälen und würfeln. Den Käse reiben. Die Möhren abbürsten oder dünn schälen. Den Rosenkohl putzen und waschen. Die Petersilie waschen und hacken.

- 1 Möhre längs achteln oder in lange Stifte schneiden und zusammen mit etwa 10 Rosenkohlröschen in dem sprudelnd kochenden Wasser etwa 3 Minuten blanchieren.

- Das übrige Gemüse mit einem Schnitzelwerk oder im Blitzhacker grob raspeln und mit dem Käse, der Zwiebel, der Petersilie und dem Teig verrühren. Mit Salz, Pfeffer und Sojasauce abschmecken.

- Den Backofen auf 200° vorheizen. Die Form mit Backpapier auslegen, dabei das Papier etwas über den Rand stehenlassen.

- Etwa ein Viertel des Teigs in die Form füllen. 2 Möhrenstreifen darauf legen. Wieder etwas Teig, dann die Rosenkohlröschen, wieder etwas Teig und die restlichen Möhrenstreifen einschichten. Mit Teig abschließen. Die Pastete im Ofen (Mitte, Umluft 180°) in 40–45 Minuten goldbraun backen.

- Die Pastete aus dem Ofen nehmen und in der Form etwa 5 Minuten auskühlen lassen. An den Papierenden herausheben oder direkt aus der Form vorsichtig auf ein Kuchengitter stürzen und etwas abkühlen lassen. Das Backpapier abziehen und die Pastete in Scheiben schneiden. Die Pastete schmeckt auch kalt.

Bei 16 Stück pro Portion etwa:
400 kJ / 88 kcal

**Variante:**
Nehmen Sie Blumenkohl statt Rosenkohl.

# Wirsingtorte
**Läßt sich gut vorbereiten • Für Gäste**

- Für den Teig den Quark mit dem Ei, dem Öl und dem Salz verrühren. Das Mehl mit dem Backpulver mischen und dazugeben. Alles gut verkneten. Den Teig zugedeckt bei Zimmertemperatur mindestens 30 Minuten ruhen lassen.

- Inzwischen den Wirsing putzen und vierteln. Den Strunk herausschneiden. Die größeren Blätter ablösen. Den gesamten Wirsing sorgfältig waschen, abtropfen lassen und in etwa 1 cm breite Streifen schneiden. Die Zwiebel schälen und würfeln.

- In einer Pfanne das Öl erhitzen und die Zwiebel darin anbraten. Den Wirsing dazugeben und mit anbraten. $1/8$ l Wasser angießen und den Kohl zugedeckt bei mittlerer Hitze in 15–20 Minuten gar dünsten.

- Inzwischen für den Guß die Eier mit der Sahne, der Sojasauce, Salz, Pfeffer und Muskat verrühren. Den Käse reiben und mit dem Paniermehl mischen.

- Die Form einfetten. Den Backofen auf 200° vorheizen.

- Den Teig auf der leicht bemehlten Arbeitsfläche in Größe der Form ausrollen und die Form damit auslegen. Das Wirsinggemüse darauf verteilen, mit dem Guß übergießen und mit dem Käse bestreuen.

- Die Torte im Ofen (Mitte, Umluft 180°) in 40–50 Minuten goldgelb backen.

Bei 4 Personen pro Portion etwa:
2700 kJ/640 kcal

**Varianten:**
Nehmen Sie statt Wirsing Spinat, Mangold oder Lauch, die Sie der Sorte entsprechend vorgaren.

**Zutaten für 1 Springform von 26 cm Ø**

*Für den Quark-Öl-Teig:*
125 g Quark
1 Ei
4 Eßl. Öl
$1/2$ Teel. Salz
250 g Weizenvollkornmehl
$1/2$ Päckchen Backpulver

*Für den Belag:*
1 Wirsing (etwa 1 kg)
1 Zwiebel
2 Eßl. Öl

*Für den Guß:*
2 Eier
100 g Sahne
$1/2$ Teel. Sojasauce
Salz
schwarzer Pfeffer
1 Prise Muskat
120 g Emmentaler
50 g Paniermehl

*Für die Form: Fett*
*Für die Arbeitsfläche: Mehl*

*Zubereitungszeit:
etwa 1 Stunde 40 Minuten
(davon 40–50 Minuten Backzeit)*

**Zutaten für je 4 Personen**

**Blumenkohlsalat**
1/2 Blumenkohl (etwa 400 g)
50 g Haselnußkerne
2 Birnen

*Für die Sauce:*
100 g Joghurt
3 Eßl. saure Sahne
Saft von 1/2 Zitrone
3 Eßl. Apfelsaft
1/4 – 1/2 Teel. Currypulver

Zubereitungszeit:
etwa 15 Minuten

**Grünkohleintopf**
1,5 kg Grünkohl
Salz
2 Zwiebeln
100 g Petersilienwurzel
2 Eßl. Öl
2 Lorbeerblätter
1 Teel. Kümmel
1 1/2 l Gemüsebrühe (selbstgemacht oder Fertigprodukt)
600 g überwiegend festkochende Kartoffeln
schwarzer Pfeffer
1/2 Teel. gemahlener Koriander
1 Prise gemahlener Piment
2 Teel. Senf
50 g Butter

Zubereitungszeit:
etwa 1 Stunde 10 Minuten

# Blumenkohlsalat mit Currysauce
**Erfrischend • Im Bild**

• Für die Sauce den Joghurt mit der sauren Sahne, dem Zitronensaft, dem Apfelsaft und dem Curry verrühren.

• Den Blumenkohl putzen, waschen, halbieren und den Strunk entfernen. Den Blumenkohl mittelfein zerkleinern. Das geht am besten in einer Rohkostmühle oder im Blitzhacker.

• Die Nüsse fein mahlen. Die Birnen schälen oder waschen und trockenreiben, die Kerngehäuse entfernen und das Fruchtfleisch würfeln.

• Den Blumenkohl, die Nüsse und die Birnen sofort mit der Sauce vermischen.

Pro Portion etwa: 770 kJ/180 kcal

# Grünkohleintopf
**Deftig • Klassiker auf neue Art**

• Die Grünkohlblätter von den Stielen abstreifen und mehrmals in kaltem stehendem Wasser gründlich waschen.

• In einem großen Topf reichlich Salzwasser zum Kochen bringen. Den Grünkohl im sprudelnd kochenden Wasser portionsweise etwa 2 Minuten blanchieren, mit kaltem Wasser abschrecken, abtropfen lassen und in etwa 2 cm breite Streifen schneiden.

• Die Zwiebeln und die Petersilienwurzeln schälen und würfeln.

• Das Öl in einem großen Topf erhitzen. Die Zwiebeln darin anbraten. Grünkohl, Petersilienwurzel, Lorbeer, Kümmel und die Brühe dazugeben. Den Eintopf etwa 20 Minuten garen.

• Inzwischen die Kartoffeln waschen, schälen und würfeln. In den Topf geben und etwa 10 Minuten mitkochen lassen.

• Den Eintopf mit Salz, Pfeffer, Koriander, Piment und Senf würzen. Zuletzt die Butter einrühren.

Pro Portion etwa: 1250 kJ/315 kcal

# Von bunten Kürbissen bis zu beißenden Zwiebeln

Sie gehören zu den ältesten Kulturpflanzen der Menschheit: die Frucht- und Zwiebelgemüse. Vor 8000 Jahren bauten die Indianer bereits Bohnen und Kürbisse an. Zur selben Zeit ernährten sich die Menschen im Orient mit dicken Bohnen und Erbsen. Zwiebeln und Gurken standen schon auf dem Speiseplan der alten Ägypter. Streng botanisch gesehen handelt es sich bei den Fruchtgemüsen um Beerenfrüchte. Kaum zu glauben, daß auch die bis zu einem Zentner schweren Kürbisse dazu gehören. Im Gegensatz zu den eiweißreichen Bohnen und Erbsen enthalten diese Riesenbeeren ebenso wie die Gurken kaum Eiweiß, Fett und Kohlenhydrate. Deshalb sind sie auch ideale Schlankmacher. Außerdem lassen sie sich zu delikater Krankenkost verarbeiten. Gurken enthalten ein insulinähnliches Ferment, das sie für Diabetiker besonders empfehlenswert macht.

**Speisekürbis:** Angeboten werden vor allem der große Winterkürbis, der gelbe Zentner, und der kleinere, leuchtend orangefarbene Hokkaidokürbis, dessen Fruchtfleisch besonders fest ist. Hokkaidokürbisse müssen nicht geschält werden, die Schale wird beim Kochen weich.
Ausgereifte Kürbisse klingen beim Daraufklopfen hohl, ihre Stiele sind verholzt. Sie sollten weder braune Flecken noch Druckstellen haben. Ganze Kürbisse halten sich kühl, aber frostfrei gelagert mehrere Wochen.

**Gurke:** Das Kürbisgewächs aus Ostindien steht bei uns auf der Hitliste der Gemüsearten ganz oben. Gurken werden entweder als Salat verzehrt oder pikant eingelegt gegessen. Für Salat werden in der Regel die schlanken langen Schlangengurken aus dem Treibhaus angeboten. Kürzer, dicker, weniger glatt und viel aromatischer sind die Land-, Feld- oder Schmorgurken, die aus Freilandanbau stammen. Weil sie kälteempfindlich sind, sollen Gurken nicht unter 7° gelagert werden. Auch die Nähe zu Obst und Tomaten vertragen Gurken nicht. Das Ethylengas, das diese Früchte abgeben, läßt die Gurken schneller gelb und schlapp werden.

**Grüne Bohne:** Bei den grünen Busch- oder Stangenbohnen haben Sie die Wahl zwischen fadenfreien Prinzeßböhnchen, dickeren runden und langen Brechbohnen und breiten flachen Schnittbohnen. Die kleinen sind die feinsten. Auch bei den größeren Sorten dürfen die Kerne nicht zu stark ausgebildet sein, und die Hülsen sollen beim Putzen noch keine Fäden ziehen. Bohnen sollen sich gut brechen lassen und keine braunen streifigen Stellen haben.

**Dicke Bohne:** Keine echte Bohne, sondern eine Wickenart mit bohnenähnlichen Früchten ist die robuste dicke Bohne, die auch große Bohne, Puff-, Acker-, Pferde- oder Saubohne heißt. Vier bis sechs dicke weiße oder grüne Kerne liegen in einer schützenden Hülse. Dicke Bohnen waren in Mitteleuropa ein wichtiges Grundnahrungsmittel, bis sie von der Kartoffel verdrängt wurden.

**Erbse/Zuckerschote:** Die fleischigen zartsüßen fadenfreien Zuckerschoten werden im Gegensatz zu den Erbsen nicht ausgepalt, sondern mit der Hülse verzehrt. Sie sind ebenso wie die Markerbsen leicht verdaulich. Wenn Sie Markerbsen oder Zuckerschoten frisch kaufen, achten Sie auf knackige saftiggrüne Hülsen. Trockene und gefleckte Schoten mit bräunlichen Stellen verraten, daß die Ware alt und von minderer Qualität ist.

**Zwiebel und Lauch:** »Hat sieben Häute und beißt alle Leute.« Dieses alte Rätsel beschreibt sehr treffend den für die Lauchgewächse typischen Aufbau der ineinanderliegenden Schalen, deren Senföle Augen und Nase reizen. Diese Öle und der hohe Ballaststoffgehalt der Lauchgewächse regen die Gallen- und Nierentätigkeit an und wirken sanft abführend. Deshalb sind Lauch und Zwiebel für Entschlackungskuren und Reduktionsdiäten sehr gut geeignet. Darüber hinaus regulieren sie den Blutdruck und stärken Herz und Nerven. Die ätherischen Öle aktivieren die Entgiftungsenzyme des Körpers. Zwiebeln hemmen zudem die Blutgerinnung, sie vermindern somit die Gefahr von Thrombose und Herzinfarkt. Gute Zwiebeln haben eine gleichmäßig getönte Schale und sollten – vor allem an der Spitze – trocken sein, damit sie nicht faulen.

### *Heilsame Zwiebeln*

*Mit ihrer entzündungshemmenden und keimtötenden Wirkung zählen die Zwiebelgewächse zu den natürlichen Antibiotika, die unter anderem gegen Grippe und Arterienverkalkung vorbeugend wirken. Auch äußerlich angewandt helfen Zwiebeln: Bei Insekten-, vor allem Wespenstichen wirkt eine halbierte, mit der Schnittfläche auf den Einstich gelegte Zwiebel wahre Wunder.*

### *Zwiebelsäckchen*

*Körperwarme Zwiebelsäckchen lindern Schmerzen und hemmen Entzündungen. Binden Sie dafür kleingeschnittene Zwiebeln in ein Mulltuch. Watte oder rohe Schafwolle über dem Säckchen nehmen den überschüssigen Zwiebelsaft auf. Mit einem Wollschal oder einem Tuch halten Sie das Säckchen an seinem Platz. Bei Ohrenentzündung zum Beispiel legen Sie das Säckchen mehrmals am Tag für etwa 30 Minuten auf das erkrankte Ohr.*

**Zutaten für je 4 Personen**

**Kürbissalat**
700 g Kürbis
1 roter Apfel
50 g Sonnenblumenkerne
oder gehackte Nüsse

Für die Sauce:
Saft von ½ Zitrone
3 Eßl. Distel- oder Nußöl
4 Eßl. Apfelsaft

Zubereitungszeit:
etwa 15 Minuten

**Kürbiscremesuppe**
1 kg Kürbis
2 Pastinaken (etwa 200 g)
1 säuerlicher Apfel (zum Beispiel Boskop)
1 Zwiebel
2 Eßl. Butter
1 l Gemüsebrühe (selbstgemacht oder Fertigprodukt)
3 Eßl. gehobelte Mandeln
½ Teel. Currypulver
½ Teel. gemahlener Piment
½ Teel. gemahlener Ingwer
Salz
schwarzer Pfeffer
½ Teel. Aceto Balsamico (Balsamessig)
½ Teel. Sojasauce
4 Eßl. Schmand (ersatzweise saure Sahne)

Zubereitungszeit:
etwa 20 Minuten

# Kürbissalat
**Gelingt leicht • Schnell**

• Für die Sauce den Zitronensaft mit dem Öl und dem Apfelsaft verrühren.

• Den Kürbis schälen. Die faserigen Teile und die Kerne mit einem Löffel entfernen. Das Fruchtfleisch grob in die Sauce raspeln.

• Den Apfel waschen, trockenreiben, vierteln, vom Kerngehäuse befreien und in Stifte schneiden. Die Stifte unter den Salat mischen.

• Die Sonnenblumenkerne oder die Nüsse über den Salat streuen.

Pro Portion etwa: 800 kJ/190 kcal

**Tips**
Von großen Kürbissen erst das benötigte Stück herausschneiden, dann schälen. Den restlichen Kürbis zugedeckt in den Kühlschrank legen und binnen einer Woche verbrauchen. Mit seiner kräftig orangegelben Farbe ist Kürbis sehr dekorativ. Stechen Sie mit Ausstechförmchen Figuren wie zum Beispiel Blumen oder Sternchen aus und garnieren Sie damit Salate und kalte Platten.

# Kürbiscremesuppe
**Raffiniert • Im Bild**

• Den Kürbis schälen, die faserigen Teile und die Kerne entfernen und das Fruchtfleisch in Stücke schneiden. Die Pastinaken schälen und in Würfel schneiden. Den Apfel schälen, vom Kerngehäuse befreien und würfeln.

• Die Zwiebel fein hacken und in der Butter glasig braten. Die Pastinaken- und die Apfelwürfel dazugeben und mit anbraten. Den Kürbis hinzufügen. Die Brühe angießen und aufkochen lassen. Die Suppe zugedeckt bei schwacher Hitze etwa 10 Minuten garen.

• Inzwischen die Mandeln in einer trockenen Pfanne leicht bräunen.

• Die Suppe pürieren und mit Curry, Piment, Ingwer, Salz und Pfeffer würzen. Mit Balsamessig und Sojasauce abschmecken.

• Die Suppe auf vier Teller verteilen und mit jeweils 1 Eßlöffel Schmand und den Mandeln garnieren. Wer mag, reicht noch Croutons dazu.

Pro Portion etwa: 940 kJ/220 kcal

# Kürbissoufflé
**Für Gäste • Gelingt leicht**

• Den Kürbis schälen. Die faserigen Teile und die Kerne entfernen. Das Fruchtfleisch würfeln.

• Die Zwiebeln schälen, würfeln und in dem Öl anbraten. Den Knoblauch schälen, durch die Presse dazudrücken und mit anbraten. Die Kürbisstücke und die Gemüsebrühe dazugeben. Das Gemüse zugedeckt in 8–10 Minuten bei mittlerer Hitze gar dünsten.

• Die Eier trennen. Die Eiweiße steif schlagen. Den Backofen auf 220° vorheizen. Eine hohe Auflaufform einfetten.

• Das Gemüse etwas abkühlen lassen, dann pürieren und mit den Eigelben und dem Parmesan verruhren. Mit Salz, Pfeffer, Sojasauce, Piment, Muskat, Wein und Aceto Balsamico abschmecken. Den Eischnee unterheben.

• Das Püree in die Form geben. Im Ofen (Mitte, Umluft 200°) in 40–50 Minuten goldbraun backen. In den ersten 15 Minuten die Ofentür nicht öffnen, das Soufflé fällt sonst zusammen.

Pro Portion etwa: 720 kJ/170 kcal

# Kürbisdessert
**Raffiniert • Im Bild**

• Die Aprikosen kleinschneiden und in dem Apfelsaft etwa 10 Minuten kochen lassen.

• In der Zwischenzeit den Kürbis schälen. Die faserigen Teile und die Kerne entfernen. Das Fruchtfleisch würfeln.

• Etwa die Hälfte der Aprikosenstückchen aus dem Topf nehmen und beiseite stellen. Den Kürbis zu den verbliebenen Aprikosen in den Topf geben und in 8–10 Minuten garen.

• Den Topfinhalt pürieren. Das Püree mit Ingwer, Zimt und Nelkenpulver würzen und mit dem Honig abschmecken. Die Aprikosenstückchen wieder dazugeben. Das Püree mindestens 15 Minuten abkühlen lassen.

• Die Sahne steif schlagen und unter das Püree heben. Das Dessert mit den Mandeln garnieren.

Pro Portion etwa: 990 kJ/240 kcal

---

**Zutaten für je 4 Personen**

**Kürbissoufflé**
1 kg Kürbis
1–2 Zwiebeln · 2 Eßl. Öl
1 Knoblauchzehe
1/4 l Gemüsebrühe (selbstgemacht oder Fertigprodukt)
3 Eier
3 Eßl. geriebener Parmesan
Salz · schwarzer Pfeffer
1/2 Teel. Sojasauce
1 Prise gemahlener Piment
1 Prise Muskat
3 Eßl. trockener Weißwein
1 Teel. Aceto Balsamico
(Balsamessig)

*Für die Form: Fett*

*Zubereitungszeit:
etwa 1 Stunde 20 Minuten
(davon 40–50 Minuten
Backzeit)*

**Kürbisdessert**
150 g getrocknete Aprikosen
200 ml Apfelsaft
700 g Kürbis
1 Prise gemahlener Ingwer
1 Prise Zimtpulver
1 Prise Nelkenpulver
2 Teel. Honig
100 g Sahne
50 g Mandeln, gehobelt

*Zubereitungszeit:
etwa 45 Minuten*

## Zutaten für je 4 Personen

**Feine Butterböhnchen**
*800 g Stangen- oder Buschbohnen*
*1 Bund Bohnenkraut*
*1/2 Bund Petersilie*
*50 g Butter*
*Salz*
*schwarzer Pfeffer*

**Bohnengemüse italienisch**
*800 g Stangen- oder Buschbohnen*
*1 Bund Bohnenkraut*
*1 Zwiebel*
*3 Eßl. Olivenöl*
*1 Knoblauchzehe*
*1–2 Tomaten*
*1/2 Bund Basilikum*
*Salz*
*schwarzer Pfeffer*

**Bohnensalat**
*800 g Stangen- oder Buschbohnen*
*1 Bund Bohnenkraut*
*1 Zwiebel*
*1/2 Bund Petersilie*
*3 Eßl. Distelöl*
*1 Eßl. Essig*
*Salz*
*schwarzer Pfeffer*

*Zubereitungszeit:
jeweils etwa 30 Minuten*

# Grüne Bohnen in Variationen
**Klassiker • Ganz einfach**

- Die Bohnen und das Bohnenkraut waschen und abtropfen lassen. Von den Bohnen die Spitzen und Stielansätze entfernen und eventuell vorhandene Fäden abziehen.

- Die Bohnen, das Bohnenkraut und 100 ml Wasser in einen gut schließenden Topf geben. Das Gemüse zugedeckt bei mittlerer Hitze in 10–20 Minuten gar dünsten. Das Bohnenkraut aus dem Topf nehmen. Die Bohnen nach einem der folgenden Rezepte weiterverarbeiten:

### Feine Butterböhnchen
- Während die Bohnen garen, die Petersilie waschen und hacken.

- Die Petersilie und die Butter mit den Bohnen vermischen. Das Gemüse mit Salz und Pfeffer würzen.

Pro Portion etwa: 690 kJ/160 kcal

### Bohnengemüse italienisch (im Bild)
- Während die Bohnen garen, für die Sauce die Zwiebel schälen und würfeln.

- Das Öl in einem weiten Topf erhitzen. Die Zwiebel darin anbraten. Den Knoblauch schälen, durch die Presse dazudrücken und mitbraten. Die Tomaten waschen, würfeln und ebenfalls mitbraten. Das Basilikum waschen, hacken und dazugeben. Die Sauce salzen und pfeffern.

- Die gegarten Bohnen unterheben.

Pro Portion etwa: 580 kJ/140 kcal

### Bohnensalat
- Die gegarten Bohnen etwa 15 Minuten abkühlen lassen.

- Die Zwiebel schälen und fein würfeln. Die Petersilie waschen und hacken.

- Öl, Essig, Salz, Pfeffer, Petersilie und Zwiebel verrühren. Die Bohnen mit der Marinade vermischen. Den Salat zugedeckt mindestens 15 Minuten durchziehen lassen.

Pro Portion etwa: 550 kJ/130 kcal

### Tip
Schneiden Sie die Bohnen erst nach dem Garen klein, Farbe und Aroma bleiben besser erhalten.

# Zuckerschoten mit Hollandaise
**Exklusiv · Für Geübte**

- Die Zuckerschoten waschen. Die Enden abschneiden. Große Schoten schräg halbieren. Die Möhren putzen, bürsten und in Scheiben schneiden.

- Die Zuckerschoten und die Möhren mit wenig Wasser bei mittlerer Hitze zugedeckt in etwa 10 Minuten bißfest garen.

- Währenddessen für die Sauce die Eigelbe mit dem Wein, der Zitronenschale, dem -saft, Zucker sowie Salz und Pfeffer in einer hitzebeständigen Schüssel verquirlen. Die Schüssel in ein heißes Wasserbad stellen und die Eiermasse mit den Quirlen des elektrischen Handrührgeräts schaumig rühren. Die Butter schmelzen lassen und unter Rühren tropfenweise dazugeben. So lange rühren, bis die Sauce hellgelb und leicht cremig ist.

- Die Sauce mit Salz, Pfeffer und Zucker abschmecken. Das Gemüse leicht salzen. Die Sauce zum Gemüse servieren. Dazu passen Frühkartoffeln.

Pro Portion etwa: 1600 kJ/380 kcal

# Dicke Bohnen gratiniert
**Raffiniert · Im Bild**

- Die Kartoffeln waschen und in 20–30 Minuten garen. Inzwischen die Bohnen enthülsen. Die Zwiebel schälen und würfeln.

- Das Öl in einem Topf erhitzen. Die Zwiebel darin glasig braten. Den Knoblauch schälen, durch die Presse dazudrücken und mitbraten. Die Bohnen mit der Brühe dazugeben. Zugedeckt in 20–25 Minuten weich dünsten.

- Die Kräuter waschen und hacken. Den Käse würfeln. Die Kartoffeln abgießen, pellen und in Scheiben schneiden. Den Backofen auf 220° vorheizen. Eine Auflaufform einfetten.

- Den Schmand unter die Bohnen rühren. Das Gemüse mit Salz, Pfeffer und Aceto Balsamico abschmecken. Die Kräuter dazugeben.

- Kartoffeln und Bohnen in die Form geben. Den Käse darauf verteilen. Das Gratin im Ofen (Mitte, Umluft 200°) in 15–20 Minuten goldbraun backen.

Pro Portion etwa: 4800 kJ/1140 kcal

---

*Zutaten für je 4 Personen*

**Zuckerschoten mit Hollandaise**
*500 g Zuckerschoten*
*500 g junge Möhren*

*Für die Sauce:*
*4 Eigelb*
*100 ml Weißwein (ersatzweise Wasser)*
*abgeriebene Schale von 1/2 unbehandelten Zitrone*
*1 Teel. Zitronensaft · Zucker*
*Salz · weißer Pfeffer*
*100 g Butter*

*Zubereitungszeit: etwa 30 Minuten*

**Dicke Bohnen gratiniert**
*600 g festkochende Kartoffeln*
*2,5 kg dicke Bohnen*
*1 Zwiebel · 2 Eßl. Öl*
*1 Knoblauchzehe*
*1/4 l Gemüsebrühe (selbstgemacht oder Fertigprodukt)*
*je 1/2 Bund Bohnenkraut, Rauke, Petersilie*
*150 g Schafkäse (Feta)*
*200 g Schmand*
*Salz · schwarzer Pfeffer*
*1/2 Teel. Aceto Balsamico (Balsamessig)*

*Für die Form: Fett*

*Zubereitungszeit: etwa 1 Stunde*

## Zutaten

**Schmorgurken mit Eiern (für 4 Personen)**
750 g Feld- oder Schlangengurken
1 Zwiebel
40 g Butter
1 EßI. Vollkornmehl
100 ml Gemüsebrühe (selbstgemacht oder Fertigprodukt)
4 Eier
1 Bund Pimpinelle (ersatzweise Dill oder Borretsch)
125 g Crème fraîche
Salz · weißer Pfeffer

Zubereitungszeit:
etwa 20 Minuten

**Essiggurken (für 5–6 Gläser à 1 l)**
3 kg kleine Einlegegurken
4 mittelgroße oder 12 kleine Zwiebeln
1 l Gurkenessig
100 g Zucker
oder 3 Eßl. Honig
70 g Salz

Für die Gläser:
5–6 Klammern

Zubereitungszeit:
etwa 1 1/2 Stunden (davon 30 Minuten Einkochzeit)

# Schmorgurken mit Eiern
**Schnell · Ganz einfach**

- Die Gurken schälen. Feldgurken halbieren und die Kerne herausschaben. Die Gurken würfeln.

- Die Zwiebel schälen und würfeln, mit der Butter in eine Pfanne geben und glasig braten.

- Die Gurken dazugeben und etwa 5 Minuten anbräunen.

- Das Mehl darüber stäuben. Die Brühe einrühren. Die Gurken etwa 10 Minuten garen.

- Währenddessen die Eier in etwa 10 Minuten hart kochen. Die Pimpinelle waschen und hacken.

- Die Crème fraîche unter die Gurken rühren. Das Gemüse mit der Pimpinelle sowie Salz und Pfeffer würzen.

- Die Eier abschrecken, pellen und längs vierteln. Die Schmorgurken in einer flachen Schüssel mit den Eiern garniert servieren. Dazu passen Pellkartoffeln.

Pro Portion etwa: 1300 kJ/310 kcal

# Essiggurken nach Großmutters Art
**Gelingt leicht · Im Bild**

- Die Gurken gründlich abbürsten und putzen. Die Zwiebeln schälen, große in dicke Scheiben schneiden. Die Zwiebeln und die Gurken in vorbereitete Gläser einschichten.

- Den Essig mit 1 l Wasser, Zucker oder Honig und Salz verrühren. Die Gurken mit der Marinade bedecken. Die Gläser sorgfältig mit Klammern verschließen.

- Die Gläser in einen Einkochtopf setzen und bei 80° etwa 30 Minuten sterilisieren. Die Klammern nach dem Erkalten entfernen.

**Tips**
Anstelle des Gurkenessigs können Sie auch Weinessig mit Gurkengewürz oder mit Dillblüten, Estragon, Lorbeerblatt, Senf- und Pimentkörnern verwenden.
Sie können die Gurken auch im Schnellkochtopf oder in der Fettpfanne des Backofens sterilisieren (die Gebrauchsanweisung der Hersteller beachten).

Insgesamt etwa: 4080 kJ/960 kcal

# Lauch-Rahm-Gemüse

**Ganz einfach • Im Bild**

• Den Lauch putzen, längs aufschlitzen, gründlich waschen und in Ringe schneiden.

• Die Zwiebel schälen und würfeln. Die Butter in einem weiten Topf oder in einer Pfanne erhitzen und die Zwiebel darin glasig braten.

• Den Lauch zu der Zwiebel geben. Den Wein angießen. Das Gemüse zugedeckt bei mittlerer Hitze in 8–10 Minuten gar dünsten.

• Die Sahne einrühren und etwas einkochen lassen. Das Gemüse mit Salz, Pfeffer und Muskat würzen. Dazu schmecken Vollkornnudeln.

Pro Portion etwa: 800 kJ/210 kcal

# Lauchgratin mit Hirse

**Gelingt leicht • Preiswert**

• Die Hirse mit der Brühe aufkochen lassen. Bei schwacher Hitze in etwa 15 Minuten ausquellen lassen.

• Währenddessen den Lauch putzen, längs aufschlitzen, gründlich waschen, in Ringe schneiden und in dem Öl anbraten. 100 ml Wasser angießen. Das Gemüse etwa 10 Minuten zugedeckt bei mittlerer Hitze dünsten.

• Den Käse reiben. Eine etwa 25 × 30 cm große Auflaufform fetten. Den Backofen auf 200° vorheizen.

• Für den Guß die Eier mit der Sahne, Salz, Pfeffer und Muskat verrühren.

• Die Hirse mit der Sojasauce und dem Curry würzen und zusammen mit dem Lauch in die Auflaufform schichten. Den Guß darüber gießen. Das Gratin mit dem Käse bestreuen.

• Den Auflauf im Ofen (Mitte, Umluft 180°) in etwa 20 Minuten goldbraun backen.

Pro Portion etwa: 2300 kJ/550 kcal

---

*Zutaten für je 4*

**Lauch-Rahm-Gemüse**
*3 Stangen
(etwa 750 g)
1 Zwiebel
2 Eßl. Butter
150 ml Weißwein
(ersatzweise Wasser)
100 g Sahne
Salz · weißer Pfeffer
1 Prise Muskat*

*Zubereitungszeit:
etwa 15 Minuten*

**Lauchgratin mit Hirse**
*250 g Hirse
3/4 l Gemüsebrühe (selbstgemacht oder Fertigprodukt)
2–3 Stangen Lauch
(etwa 750 g)
2 Eßl. Öl
100 g Emmentaler
1/2 Teel. Sojasauce
1/2 Teel. Currypulver*

*Für den Guß:
2 Eier
150 g Sahne
Salz
weißer Pfeffer
1 Prise Muskat*

*Für die Form: Fett*

*Zubereitungszeit:
etwa 50 Minuten
(davon 20 Minuten Backzeit)*

## Zutaten

**Zwiebeltaschen (für 8–10 Stück)**
Für den Quarkblätterteig:
250 g Weizenvollkornmehl
250 g Quark
200 g weiche Butter
½ Teel. Salz

Für die Füllung:
350 g Champignons
350 g Zwiebeln · 2 Eßl. Öl
100 g Schmand · Salz
schwarzer Pfeffer
½ Teel. Sojasauce
½ Teel. Aceto Balsamico
(Balsamessig)

Zum Bestreichen:
1 Eigelb · 2 Eßl. Milch
Für das Backblech: Fett
Für die Arbeitsfläche: Mehl

Zubereitungszeit:
etwa 1 Stunde 40 Minuten
(davon 50 Minuten Backzeit)

**Zwiebel-Apfel-Schmelz
(für 1 Glas à 175 ml)**
250 g Zwiebeln
125 g Butter
1 Apfel (etwa 100 g)
Salz · weißer Pfeffer
1 Teel. Sojasauce

Zubereitungszeit:
etwa 1¾ Stunden

# Zwiebeltaschen
**Schmeckt auch kalt • Pikant**

• Mehl, Quark, Butter und Salz zu einem Teig verkneten. Zugedeckt mindestens 30 Minuten kühl stellen.

• Die Pilze putzen, waschen und blättrig schneiden. Die Zwiebeln schälen und in Streifen schneiden. In dem Öl glasig braten. Die Pilze zugedeckt etwa 10 Minuten mitbraten. Bei Bedarf 2–3 Eßlöffel Wasser hinzufügen. Mit Schmand, Salz, Pfeffer, Sojasauce und Aceto Balsamico abschmecken.

• Das Backblech einfetten. Den Backofen auf 220° vorheizen. Den Teig auf der bemehlten Arbeitsfläche zu 8–10 Kreisen von etwa 10 cm Durchmesser ausrollen. Die Füllung jeweils darauf verteilen, dabei den Rand frei lassen. Zu Halbkreisen zusammenklappen, an den Rändern zusammendrücken und auf das Blech legen.

• Eigelb und Milch verquirlen. Die Taschen damit bestreichen. Im Ofen (Mitte, Umluft 200°) in etwa 50 Minuten backen.

Bei 10 Stück pro Stück etwa:
1400 kJ/330 kcal

# Zwiebel-Apfel-Schmelz
**Gelingt leicht • Klassiker auf neue Art**

• Die Zwiebeln schälen und fein würfeln. Mit der Butter in einer Pfanne bei sehr schwacher Hitze in etwa 45 Minuten langsam bräunen. Zwischendurch einmal umrühren.

• Den Apfel waschen, schälen, vom Kerngehäuse befreien und fein würfeln. Die Würfel zu den Zwiebeln geben. Noch etwa 45 Minuten mitgaren, dabei ein paarmal umrühren.

• Den Schmelz mit Salz, Pfeffer und Sojasauce würzen. Nach Belieben die Mischung mit dem Kartoffelstampfer etwas zerkleinern.

• Den Aufstrich in ein Glas füllen und verschließen. Hält sich im Kühlschrank etwa 2 Wochen.

Insgesamt etwa: 4500 kJ/1100 kcal

**Tip**
Die Tränen fließen beim Zwiebelschneiden nicht so reichlich, wenn Sie mit einem scharfen Messer und in Zugluft, zum Beispiel am offenen Fenster, arbeiten.

# REGISTER

**A**
Apfel
    Fruchtiger Sauerkrautsalat 65
    Kartoffel-Apfel-Gratin 46
    Kürbiscremesuppe 80
    Kürbissalat 80
    Rettichsalat mit Roggen 24
    Zwiebel-Apfel-Schmelz 92

**B**
Blattsalatphantasien 10
Blumenkohl
    Blumenkohlsalat mit Currysauce 74
    Warenkunde 57
Bohnengemüse italienisch 84
Bohnensalat 84
Borschtsch 32
Bunte Herzoginkartoffeln 49
Bunter Blattsalat 14
Bunter Steckrübensalat 36

**D**
Dicke Bohnen
    Dicke Bohnen gratiniert 87
    Warenkunde 79

**E**
Eintöpfe
    Borschtsch 32
    Grünkohleintopf 74
    Steckrübeneintopf 36
Endivie
    Blattsalatphantasien 10
    Warenkunde 9
Erbsen (Warenkunde) 79
Essiggurken nach Großmutters Art 88
Exotisches Möhrengemüse 26

**F**
Feine Butterböhnchen 84
Feldsalat
    Blattsalatphantasien 10
    Bunter Blattsalat 14
    Warenkunde 9
Fenchel: Möhren-Fenchel-Frischkost 26
Fruchtiger Sauerkrautsalat 65

**G**
Gratins
    Dicke Bohnen gratiniert 87
    Kartoffel-Apfel-Gratin 46
    Lauchgratin mit Hirse 91
    Rosenkohl-Kartoffel-Gratin 69
    Topinamburgratin 53
    Griechischer Weißkohlsalat (Variante) 61
Grüne Bohnen
    Bohnengemüse italienisch 84
    Bohnensalat 84
    Feine Butterböhnchen 84
    Grüne Bohnen in Variationen 84
    Warenkunde 79
Grünkern
    Grünkernbratlinge mit Pastinaken 28
    Topinamburgratin 53
Grünkohl
    Grünkohleintopf 74
    Warenkunde 57
Gurke
    Essiggurken nach Großmutters Art 88
    Schmorgurken mit Eiern 88
    Warenkunde 78

**H**
Hirse: Lauchgratin mit Hirse 91
Hustensaft aus Rettich 23

**K**
Kartoffel
    Borschtsch 32
    Bunte Herzoginkartoffeln 49
    Dicke Bohnen gratiniert 87
    Grünkohleintopf 74
    Kartoffel-Apfel-Gratin 46
    Kartoffelwaffeln 50
    Kleine Kartoffelprüfung 45
    Rosenkohl-Kartoffel-Gratin 69
    Sesamkartoffeln vom Blech 46
    Steckrübeneintopf 36
    Steckrübenpuffer 39
    Topinambursoufflé 53
    Warenkunde 44
Kohlrabi
    Kohlrabisalat 58
    Kohlrabischnitzel 58
    Warenkunde 56
Kopfsalat
    Blattsalatphantasien 10
    Warenkunde 8
Kürbis
    Kürbiscremesuppe 80
    Kürbisdessert 83
    Kürbissalat 80
    Kürbissoufflé 83
    Warenkunde 78

**L**
Lauch
    Borschtsch 32
    Lauchgratin mit Hirse 91
    Lauch-Rahm-Gemüse 91
    Spitzkohlpfanne 65
    Steckrübeneintopf 36
    Ungarischer Krauttopf 61
    Warenkunde 79

**M**
Mangold
    Mangoldpizza 19
    Mangold Romana 13
    Warenkunde 9
Meerrettich
    Rote-Bete-Salat 32
    Schwarzwurzeln mit Meerrettich 40
    Warenkunde 23
Möhren
    Borschtsch 32
    Bunte Herzoginkartoffeln 49
    Bunter Blattsalat 14
    Bunter Steckrübensalat 36
    Exotisches Möhrengemüse 26
    Möhren-Fenchel-Frischkost 26
    Pastinakencreme 28
    Rettichsalat mit Roggen 24
    Rettichsalat mit Sahnedressing 24
    Rosenkohlpastete 70
    Spitzkohlpfanne 65
    Zuckerschoten mit Hollandaise 87
    Warenkunde 22
Mutters Selleriesalat 31

**N**
Nüsse
    Blumenkohlsalat mit Currysauce 74
    Kohlrabisalat 58
    Rote Beten im Nußmantel 35
    Rotkohlfrischkost 69
    Selleriefrischkost mit Nüssen 31
    Spinatsalat 14
    Topinamburgratin 53

**P**
Pastinaken
    Grünkernbratlinge mit Pastinaken 28
    Kürbiscremesuppe 80
    Pastinaken-Apfel-Frischkost (Variante) 31
    Pastinakencreme 28
    Warenkunde 22
Pflücksalat (Warenkunde) 8
Pikanter Weißkohlsalat 61

**R**
Rauke
    Bunter Blattsalat 14
    Dicke Bohnen gratiniert 87
    Warenkunde 9
Rettich
    Bunter Blattsalat 14
    Rettichsalat mit Roggen 24
    Rettichsalat mit Sahnedressing 24
    Warenkunde 23
Römersalat
    Blattsalatphantasien 10
    Warenkunde 8
Roggen: Rettichsalat mit Roggen 24
Rosenkohl
    Rosenkohl-Kartoffel-Gratin 69
    Rosenkohlpastete 70
    Warenkunde 57
Rote Bete
    Borschtsch 32

Rote Beten im Nußmantel 35
Rote-Bete-Kuchen 35
Rote-Bete-Salat 32
Warenkunde 23
Rotkohl
  Rotkohlfrischkost 69
  Rotkohlrouladen 66
  Warenkunde 57

## S
Salate
  Blattsalatphantasien 10
  Blumenkohlsalat mit
    Currysauce 74
  Bunter Blattsalat 14
  Bunter Steckrübensalat 36
  Fruchtiger Sauerkrautsalat 65
  Kohlrabisalat 58
  Kürbissalat 80
  Möhren-Fenchel-Frischkost 26
  Mutters Selleriesalat 31
  Pikanter Weißkohlsalat 61
  Rettichsalat mit Roggen 24
  Rettichsalat mit
    Sahnedressing 24
  Rote-Bete-Salat 32
  Rotkohlfrischkost 69
  Selleriefrischkost mit
    Nüssen 31
  Spinatsalat 14
Schmorgurken mit Eiern 88
Schnittsalat (Warenkunde) 8
Schwäbische Krautkrapfen 62
Schwarzwurzeln
  Schwarzwurzeln mit
    Meerrettich 40
  Schwarzwurzeln mit
    Soufflèhaube 40
  Warenkunde 23
Sellerie
  Borschtsch 32
  Mutters Selleriesalat 31
  Selleriefrischkost mit
    Nüssen 31
  Warenkunde 23
Sesamkartoffeln vom Blech 46
Soufflés
  Kürbissoufflé 83
  Schwarzwurzeln mit
    Soufflèhaube 40
  Steckrübensoufflé 39
  Topinambursoufflé 53

Spinat
  Blattsalatphantasien 10
  Bunte Herzoginkartoffeln 49
  Spinatpfannkuchen 13
  Spinatsalat 14
  Warenkunde 9
Spitzkohl
  Spitzkohlpfanne 65
  Warenkunde 56
Steckrübe
  Bunter Steckrübensalat 36
  Steckrübeneintopf 36
  Steckrübenpuffer 39
  Steckrübensoufflé 39
  Warenkunde 23
Stielmus
  Stielmusstrudel 17
  Warenkunde 9

## T
Topinambur
  Topinamburgratin 53
  Topinambur mit Rahmsauce 50
  Topinambursoufflé 53
  Warenkunde 45

## U
Ungarischer Krauttopf 32

## W
Weißkohl
  Borschtsch 32
  Fruchtiger Sauerkrautsalat 65
  Griechischer Weißkohlsalat
    (Variante) 61
  Pikanter Weißkohlsalat 61
  Schwäbische Krautkrapfen 62
  Ungarischer Krauttopf 61
  Warenkunde 56
Wirsing
  Wirsingtorte 73
  Warenkunde 57

## Z
Zuckerschoten
  Zuckerschoten mit
    Hollandaise 87
  Warenkunde 79
Zwiebeln
  Zwiebel-Apfel-Schmelz 92
  Zwiebeltaschen 92
  Warenkunde 79

# IMPRESSUM

© 1996 Gräfe und Unzer Verlag GmbH, München
Alle Rechte vorbehalten. Nachdruck, auch auszugsweise, sowie Verbreitung durch Film, Funk und Fernsehen, durch fotomechanische Wiedergabe, Tonträger und Datenverarbeitungssysteme jeder Art nur mit schriftlicher Genehmigung des Verlages.

Redaktion: Christine Wehling
Lektorat: Constanze Hub
Layout, Typographie und Umschlaggestaltung:
H.-J. Beckers
Fotos: H.-J. Beckers
Fotostudio Teubner:
Umschlagklappe hinten (Steckrübe);
StockFood Eising: Umschlagklappe hinten (Grünkohl, Pastinake, Stielmus, Topinambur)
Foodstyling: Stephan Fladung
Grafiken: H.-J. Beckers
Herstellung: Ina Hochbach
Satz: Filmsatz Schröter, München
Reproduktion: Penta, München
Druck und Bindung: Appl, Wemding

ISBN 3-7742-2817-5

Auflage  5.  4.  3.
Jahr  2000 1999 98

Dankeschön an:
Josh Westrich und Christoph Fein für die gute Zusammenarbeit bei der Realisierung der Fotografien in ihrem Fotostudio in Essen.

**Karola Wiedemann** stammt von einem Bauernhof im Allgäu. Sie studierte Haushaltswissenschaft und arbeitet heute in Münster als Journalistin und Referentin mit Schwerpunkten Haushalt, Garten und Familie. Darüber hinaus setzt sie sich engagiert für den Schutz der Umwelt und für gesunde Ernährung ein.

**Martina Kiel** ist Diplom-Oecotrophologin. Sie macht Öffentlichkeitsarbeit in den Bereichen Landwirtschaft, Ernährung und Dritte Welt. 1993 gründete sie in Münster den ökologischen Bauernmarkt. Seit 1994 betreibt Martina Kiel einen Vollwertimbiß.

**Heinz-Josef Beckers** studierte an der Universität Essen GH (Folkwang) Kommunikations-Design. Food-, Stillife- und experimentelle Fotografie zählen ebenso zu seinem Tätigkeitsfeld wie die konzeptionelle und grafische Arbeit für Firmen, Verlage und Agenturen.

# Unbekanntere Gemüse auf einen Blick

**Grünkohl** (Seite 56/57)
Schmeckt besonders gut, wenn er vor der Ernte schon ein paar Nachtfröste hat durchstehen müssen.

**Kürbis** (Seite 78/79)
Das saftige Fruchtfleisch hat kaum Eigengeschmack, läßt sich aber hervorragend zu Kompott, Chutney, Auflauf und Suppe verarbeiten.

das Grün, das reich an ätherischen Ölen ist, zum Würzen von Saucen und Suppen.

werden wie Spinat verwendet, die Stiele kleingeschnitten und gedünstet.

**Knollensellerie** (Seite 22/23)
Die kugelrunden Wurzeln der Selleriepflanze schmecken roh und gedünstet. Verwenden Sie

**Mangold** (Seite 8/9)
Das einst sehr verbreitete Sommergemüse ist wieder stark im Kommen. Die herbwürzigen Blätter

**Meerrettich** (Seite 22/23)
Die unscheinbare Pfahlwurzel gilt schon seit dem Mittelalter als wertvolle Heil- und Würzpflanze. Beim Reiben werden ätherische Öle freigesetzt, die für Tränen in den Augen und brennendscharfen Geschmack auf der Zunge sorgen.